Avec les sans-logis

Imprimé en France *Printed in France*
ISBN 2-7082-3662-8

Jean-Yves Cottin

Avec les sans-logis

LES EDITIONS DE L'ATELIER

Les Editions Ouvrières
12 avenue Sœur Rosalie
75013 Paris

À Guy Freyche

Préface

par Christophe Aguiton*

Le livre de Jean-Yves Cottin est un des tout premiers témoignages de militants engagés dans les luttes des années 1990, plus précisément celles des chômeurs, des mal-logés et des sans-abri.

C'est le récit souvent émouvant d'une vie militante au cours de laquelle, fait rare, les sans-abri organisent eux-mêmes leurs luttes et leurs mouvements. Dans de nombreux pays on trouve des associations qui aident les plus démunis et en particulier les sans-abri. Mais l'expérience qui est relatée dans ce livre, celle du CdSL (Comité des sans-logis), est différente. Tous les membres de ce comité, Jean-Yves inclus, étaient ou sont encore à la rue. Ils ont décidé de s'engager dans l'action collective en formant une association qui, comme AC ! (Agir ensemble contre le chômage), l'APEIS (Association pour l'emploi, l'information et la solidarité), le MNCP (Mouvement national des chômeurs et des précaires), ou encore le DAL (Droit au logement), a choisi le terme « d'association de lutte » pour marquer sa spécificité.

Ce livre permet également de mieux comprendre un moment important de l'histoire des luttes sociales en France à la fin du XXe siècle. Un moment qui commence, comme le cœur du livre

* Militant syndicaliste et associatif, Christophe Aguiton a eu des responsabilités à SUD et AC ! et en a aujourd'hui à ATTAC.

lui-même, en 1993, une année que l'on peut considérer comme le début d'un cycle de mobilisations qui s'affirmera pendant la grève de l'hiver 1995/1996. Il est significatif à cet égard que l'ouvrage de Jean-Yves esquive les années 1980 et passe directement de ce qui a constitué les expériences fondatrices de ce cycle : les grèves et les comités de soldats des années 1970, à l'année 1993. Jean-Yves a servi, comme beaucoup d'entre nous, de trait d'union entre ces deux périodes.

L'année 1993 est une année où les luttes sociales redémarrent. Elles sont massives, comme à France Télécom où trois salariés sur quatre font grève contre la privatisation. Les formes d'action sont d'une radicalité imprévue : à Air France, les ouvriers de la maintenance envahissent les pistes et paralysent tout le trafic aérien... C'est aussi une année où naissent de nombreuses organisations, qu'elles soient syndicales, comme la FSU (Fédération syndicale unitaire) chez les enseignants, ou associatives, comme le CdSL pour les sans-abri et AC !, en lutte contre un chômage qui ne cesse de progresser. C'est enfin l'année où l'opinion publique évolue : le libéralisme n'a plus la cote et les mouvements sociaux deviennent populaires, ce qui obligera Alain Juppé à reculer devant les grévistes deux ans plus tard.

La suite du livre de Jean-Yves permet de retrouver toutes les grandes dates des années 1990 : les marches contre le chômage du printemps 1993 ; la « rue du Dragon », qui mettra le problème de l'exclusion et de la « fracture sociale » au cœur de la présidentielle de 1995 ; les grèves de décembre 1995 et « l'appel des sans » qui, dans le cadre de ces grèves, donnera la possiblité aux chômeurs et aux sans-logis d'exprimer leurs revendications ; le mouvement des sans-papiers ; les marches européennes vers Amsterdam en 1997 ; le mouvement des chômeurs de l'hiver 1997/1998...

Le récit donne une image vivante de ce foisonnement militant où les initiatives se multiplient et où se testent de nouvelles alliances, de nouvelles formes d'action et d'organisations en réseau qui préfigurent celles que le monde entier découvrira à Seattle, Porto Alegre, Gênes ou Florence.

Dans les forum sociaux, qu'ils soient mondiaux ou européens, ce qui frappe tout d'abord c'est la présence commune des syndicats et des ONG, des écologistes et des féministes, des jeunes et des militants aguerris. Mais dès l'hiver 1995-1996, les manifestations contre le plan Juppé étaient ouvertes par des premières lignes où les leaders syndicaux donnaient le bras aux étudiants, aux chômeurs, aux sans-abri et aux mouvements des femmes.

Les manifestants qui ont bloqué le siège de l'OMC (Organisation mondiale du commerce) à Seattle ont étonné le monde entier. De la même manière, les occupations d'immeubles par les mal-logés ou les « invitations » dans les grands restaurants par les chômeurs avaient frappé la France.

Quant au fonctionnement en réseau et à la prise de décisions au consensus qui sont la marque de ce mouvement mondial, ils étaient expérimentés dans les années 1990, en particulier dans AC !, où militaient ensemble des individus, chômeurs ou salariés, des syndicats importants et des associations comme le Comité des sans-logis.

Il peut sembler paradoxal que, malgré ces anticipations, le récit de Jean-Yves ne traite presque pas de cette nouvelle phase de lutte ni des mouvements qui militent contre la mondialisation libérale.

C'est l'indice d'une difficulté et la preuve que les alliances ne sont jamais définitivement acquises. Alors que les chômeurs et les mal-logés avaient été les premiers à se mobiliser dans la France des années 1990 – ce qui leur avait permis d'être au cœur des luttes –, le mouvement qui a fait irruption à Seattle a comme moteur principal une nouvelle vague de radicalisation de la jeunesse qui est née aux États-Unis. Et si la solidarité avec « ceux d'en bas », les peuples du Sud comme les démunis du Nord, est au cœur des préoccupations de ce nouveau mouvement mondial, la présence réelle de ceux-ci dans les manifestations et les rassemblements de « l'autre mondialisation » ne va pas de soi, ne serait-ce qu'à cause des différences d'âge et de milieu social.

Mais, en octobre 2002, Jean-Yves était à Florence avec le CdSL pour le premier Forum social européen. Une forte délégation du DAL, des marches européennes et des mouvements de chômeurs français s'y est également rendue. Ensemble, ils ont pris l'engagement de se mobiliser dans ce nouveau mouvement, en affirmant fortement leurs revendications.

À coup sûr pour une nouvelle page de luttes et de mobilisations !

1
À la recherche d'un engagement

Printemps 1971, un cortège de quelques centaines d'ouvriers d'une usine en grève traverse les rues principales. L'ambiance est lourde. L'usine est sur le point de fermer. Pas de slogan. Les regards sont durs, plus las qu'hostiles. Les plus habitués aux mouvements sociaux savent qu'ils ont déjà perdu la bataille et que le plan de licenciement est irrémédiable. Les responsables du syndicat ont conscience d'avoir limité les dégâts et d'avoir fait ce qu'ils ont pu.

J'ai 16 ans. Je suis élève au petit séminaire, situé sur les hauts de la ville de Thonon-les-Bains, au bord du lac Léman. En journée, je prends mes cours au collège avec les autres séminaristes. Le soir, nous nous retrouvons en internat. Le prêtre chargé de notre formation et de notre accompagnement spirituel fait preuve d'une ouverture sur la vie sociale et politique, dans l'esprit de Vatican II. Parallèlement, il dispense un enseignement très classique rythmé par la prière, l'apprentissage de la musique religieuse… Je me mets, d'abord péniblement, à l'étude de l'orgue. Une vraie passion pour la musique naît peu à peu.

Dès l'enfance, l'appel à la vie religieuse retentit doucement en moi. Je suis ébloui et séduit par le Seigneur. J'aime la prière. Cette passion pour Dieu illumine mon enfance.

Je deviens toutefois un adolescent angoissé, aux désirs et aspirations multiples et parfois contradictoires. Les sens me guident. Ils peuvent contribuer à élever l'âme vers Dieu, ou à l'éloigner de Lui. La recherche de l'amitié m'habite aussi. Jean-Luc a été mon ami, mais la vie nous a séparés. Tout de même, nous essayons de nous voir encore de temps à autre.

J'ai envie de m'engager socialement. Nous sommes dans les années 1970, marquées si fortement par l'expérience des prêtres ouvriers, le concile Vatican II, le rapprochement avec les hommes et les femmes de terrain. Cette dimension, dite horizontale, de la vie chrétienne, est vécue un peu au détriment de la vie intérieure, de la dimension verticale, donc de la communion avec Dieu. Il faut dire que certains ne demandent qu'à être distraits des exigences qu'implique une vie tournée vers le Seigneur. Je ne suis pas en reste. À l'adolescent que je suis, d'autres appels se font entendre, tout aussi pressants. L'appel de la sensualité n'est pas le dernier. Je prête l'oreille et un cœur complaisant. Je cède trop vite aux chants des sirènes.

Je me laisse aller aux débordements des passions. Ils étouffent la vie intérieure. Étouffent, mais ne tuent pas.

Ces derniers mois, les formateurs du petit séminaire ont largement encouragé les interventions de personnalités extérieures, le plus souvent syndicalistes ou politiques. La soirée passée avec un militant du PSU* m'a particulièrement marqué. Ses paroles sans complaisance ont résonné en moi.

Et aujourd'hui, des ouvriers manifestent contre les licenciements. Ils occupent la largeur de la chaussée. Je les regarde passer, avec le désir de les rejoindre. J'hésite un peu.

Sans réfléchir, je quitte le trottoir et me glisse dans la manifestation. Quelques pas seulement pour les rejoindre, mais c'est un engagement pour la vie.

* Une liste détaillée des sigles figure en fin d'ouvrage.

Mon bac passé, et raté, je trouve du boulot dans une maison de retraite. Je me syndique à la CFDT et adhère au parti socialiste. J'entre en politique comme on entre en religion. *L'Internationale* remplace le *Tantum Ergo* [1].

Je me rends en mobylette aux réunions de section, qui ont lieu à Annecy, à trente kilomètres de mon lieu de vie et de travail.

En Allemagne, durant mon service militaire, je me joins aux comités de soldats [2]. Arrêté et embastillé, j'écris à François Mitterrand. Le journal Rouge, quotidien à l'époque, publie ma lettre. Mitterrand ne bouge pas. De retour à la vie civile, je passe au PSU.

La région Nord m'accueille pendant presque quinze ans.

Lille, 13 octobre 1979. Un chapiteau est dressé au centre-ville tout près du beffroi de la mairie, pour une mission prêchée par un pasteur venu de Biscarosse, dans les Landes. Il a été invité par la communauté chrétienne de Lille, église évangélique baptiste. J'arrive un peu en retard et ne trouve de place que debout, dans le fond. Après le message de l'Évangile, le prédicateur fait un appel : « Baissons la tête dans la prière. Que ceux qui veulent recevoir Jésus dans leur cœur lèvent la main. Je ne m'occupe pas de ce que font les autres. Si je lève la main, Dieu me voit. »

Quelques mains se lèvent. La mienne aussi. Mon geste semble davantage mû par la volonté divine que par la mienne. Mais je laisse faire, je ne m'oppose pas. Un simple geste d'acceptation et de foi.

Et Dieu envahit mon être. Tout à coup, je vois. Sans rien voir, je vois. Je ressens intensément la joie du Ciel. En un instant, les réalités spirituelles deviennent tangibles, beaucoup plus proches et sûres que tout ce qui m'entoure : ce chapiteau, cette assemblée, la nuit depuis longtemps tombée.

1. Chant chanté à l'occasion des cérémonies dominicales du salut du Saint-Sacrement.

2. Comités clandestins, à l'intérieur des casernes, revendiquant des droits pour les soldats appelés et engagés ; le droit au transport gratuit par exemple.

Je resterai un an et demi à la communauté chrétienne, puis je ferai quelques allers-retours, et un deuxième séjour.

Je passe un diplôme d'État d'infirmier. La communauté catholique charismatique de la Sainte-Croix, à Grenoble, m'accueille, elle aussi, un temps assez long.

Je finis par m'éloigner de nouveau du Seigneur. Mais aujourd'hui encore je reste nostalgique de la spiritualité que propose son Église. La Bible reste chez moi, envers et contre tout. J'aime entrer dans les églises pour un moment de prière.

Et l'engagement politique ! C'est plus fort que moi, j'ai le virus. Ligue communiste révolutionnaire, comités de lutte contre la répression au Maroc, luttes des étudiants sans-papiers, comité contre la double peine. Je me sens comme les plus faibles. À l'écart moi aussi. Je suis comme eux. Leurs intérêts sont les miens. Il n'y a pas de différence. J'aime être à leurs côtés.

2

Errances parisiennes

26 décembre 1992. Je mets la clé sous la porte et pars faire un tour à Paris. J'ai trois mille francs en poche et je suis endetté de tous les côtés. J'ai grand besoin de me changer les idées.

La capitale m'a toujours fait rêver mais l'occasion de m'y installer ne s'est jamais présentée. Une chambre de bonne à Paris suffirait largement à mon bonheur. Je travaille depuis plusieurs années dans un hôpital psychiatrique des environs de Lille : service des urgences au début, histoire de faire mes premières armes, une série de services traitant des pathologies lourdes par la suite, très déprimant. D'ailleurs, je sombre dans la dépression. Ma vie spirituelle se ratatine. Je reste des journées entières enfermé chez moi. Je peins des tableaux abstraits pour commencer, puis une figuration naïve, narrative, où je me raconte un peu. Des affiches lacérées, arrachées aux murs de la ville et retravaillées au cutter servent de base à mes compositions. Des rouges, des gris, des ocres, des jaunes, des noirs et des monstres grimaçants. Au pastel gras et à l'encre de chine, je peins sur toile et sur papier. Des insectes, des chiffres, des noms, des symboles... sont projetés sur ces fonds incandescents. Bouillonnement des origines, laves de volcans.

Je m'installe dans un hôtel un peu chic de la place Clichy. Heureusement, ils acceptent les chèques. J'ai un compte au Trésor public. Le solde est proche de zéro. On verra bien.

Gare du Nord je rencontre Sami, aussi paumé que moi et qui cherche un coin où dormir. Nous partageons ma chambre. Sami est petit, coiffé à la rasta, et très musclé, tout à fait mon type. J'aimerais le garder un peu avec moi, mais il préfère partir vers d'autres aventures.

Paris m'envoûte, Montmartre, les Halles, les Tuileries, le Luxembourg. J'admire la ville, et les garçons.

Mon pactole a vite fondu. Le Trésor public me verse trois mille francs. Je suis surpris de constater qu'il me reste autant d'argent. J'ai dû me tromper dans mes calculs. Mais même lorsque je me retrouve à court d'argent, l'idée ne me vient pas de remonter dans le Nord. Trop de stress, la dépression. Je ne peux plus vivre comme cela. Je ne suis pas fait pour cette vie. En fait je suis un faux intégré, égaré dans la société, en acceptant les rites et les rythmes, mais jouant un jeu depuis des années. La dépression aura été le révélateur de ce qu'il me fallait faire, tout plaquer. Que n'ai-je franchi le pas plus tôt ? Mais, comme dit l'Écclésiaste, il y a un temps pour tout sous le soleil.

Ça y est, je n'ai plus un franc en poche. Loin de paniquer, je prends les choses avec calme et philosophie. Tout d'abord, chercher un hébergement. Il m'est déjà arrivé de dormir dehors, mais c'est vrai que je n'aime pas ça. Une nuit, je me laisse enfermer à la gare Montparnasse et je dors là, planqué dans un placard à balai, et, ma foi, tranquille comme Baptiste. Je me renseigne auprès de quelques gars de la rue qui, tous, m'indiquent le foyer du château des Rentiers. Je pourrai dormir et manger et on ne me posera pas trop de questions.

Me voici parti pour le XIIIe arrondissement. C'est celui qui compte le plus de foyers pour SDF. Il deviendra par la suite le lieu de lancement du Comité des sans-logis.

À la porte, des employés en blouse blanche m'accueillent, si on peut dire. Disons qu'ils contrôlent mes papiers et m'inscrivent sur un registre en me donnant rendez-vous pour le soir. Il ne me reste plus qu'à chercher un coin pour attendre dix-sept heures et l'ouverture des portes du foyer. La bibliothèque de Tolbiac, toute proche, fera l'affaire. Des livres et de la chaleur, c'est tout ce qu'il me faut pour l'instant.

Je repère vite quelques gars qui passent leur journée là, au chaud et avec un peu de distraction. Quand l'heure approche, je les suis naturellement. Au foyer, le premier contact sera plus facile si j'ai déjà quelques visages connus en tête. L'attente a lieu dans la cour, quelle que soit la saison. De quelques personnes au début, nous nous retrouvons, au fur et à mesure que les minutes s'égrènent, à plusieurs centaines. Les habitués arrivent les derniers, ils connaissent l'heure de l'appel.

En fait, le spectacle est ahurissant, mais je fais le choix de ne m'étonner de rien. Toujours ma facilité d'adaptation, qui m'a rendu tant de bons services, et joué de si vilains tours. Plusieurs centaines d'hommes dans le froid de cette cour sinistre, tous exilés de la vie : c'est pour moi un vrai et brutal plongeon dans le monde de l'exclusion.

L'appel est crié depuis une petite estrade, avec un système de classification compliqué par étage, couleur de carte et numéro. À l'appel de son nom, chacun se rend au réfectoire. C'est une salle immense aux couleurs passées, décorée de quelques plantes mal entretenues. Le service se fait à la chaîne, sur plateau, comme dans les cantines des comités d'entreprise, mais plus grossièrement, avec un côté ordinaire de caserne. Les repas sont copieux, mais peu variés.

La nourriture est quelque chose d'important, voire de central, dans la vie des sans-domicile fixe. Elle devient chez beaucoup une obsession, qui justifie disputes et réflexes racistes : les étrangers sont accusés de tout piquer et de passer devant tout le monde. Pratiquement personne n'est en mesure de réfléchir à ce que nous ne venons que grignoter des miettes, miettes d'une société de gavage et de gaspillage pour certains, de pénurie et de misère pour d'autres.

Pendant le repas, peu de paroles, mis à part pour quelques groupes constitués et structurés. Chacun s'observe en avalant la précieuse nourriture, se souvenant du temps de manque, et craignant pour l'avenir. Ce n'est guère le moment de créer des relations. Faire connaissance devient plus simple en soirée, lorsque chacun, après avoir installé son lit, prend un moment de détente, en fumant une cigarette. L'absence de salle de repos nous oblige à nous réunir par petits groupes dans les cages d'escalier. Les heureux possesseurs de cigarettes font l'objet de l'envie et de toutes les attentions. J'en fais encore partie. Le dortoir est immense, on entend tousser pratiquement toute la nuit. Sommeil agité des anciens, peuplé de rêves lourds, ceux des temps meilleurs, ou des monstres effrayants du découragement et parfois du désespoir. Insomnie pour les nouveaux.

Le réveil est brusque et mouvementé. D'autant plus difficile que je n'ai pas fermé l'œil de la nuit. Je ne me suis assoupi qu'au petit matin. Dès six heures, les surveillants tapent avec leurs clés sur les montants des lits métalliques, bruits de prisons. Après un café et quelques tartines avalées au réfectoire, nous nous retrouvons dehors. Il fait encore nuit. Certains s'en vont, silhouettes hagardes, au hasard des rues, d'autres se dirigent vers leurs petits rendez-vous quotidiens. Notre groupe se met en route vers le métro Picpus où à neuf heures, les Petites Sœurs des Pauvres distribuent le petit déjeuner dans la cour de leur couvent. Une tente est dressée, avec des tables et des bancs. Il faut faire la queue. Français de tous âges, gens des pays de l'Est, jeunes Maghrébins et quelques femmes forment le gros des troupes.

L'attente est un peu longue dans le froid, les nerfs sont souvent à vif et les réflexions racistes ne manquent pas. Nous reparlerons plus tard de la pénétration relativement importante des idées du Front national dans le milieu des sans-abri. Mais ça valait bien la peine d'attendre car le café est bon et accompagné de délicieuses tartines et de croissants, sans compter des invendus des wagons-lits, sandwiches au jambon fumé, que les musulmans ne nous disputent pas. L'accueil est chaleureux, tout sourire. On ne pose pas trop de questions. J'apprécie.

« Viens, on va à Beaubourg. » Abdel, qui vient de m'inviter à le suivre est un jeune Algérien, entre 25 et 30 ans. Grand et fort, il a la démarche fière des garçons de son pays. On sens que ce n'est pour lui qu'une mauvaise passe, qu'il va s'en sortir, se débrouiller, faire de bonnes rencontres, trouver des solutions.

Le hall immense du centre Georges-Pompidou nous offre une bonne chaleur. Des centaines de personnes sont là dans un brouhaha indescriptible, foule agitée et fébrile des touristes pressés et qui ne verront rien, à part peut-être la magnifique vue sur Paris de la terrasse. Un orateur africain perché sur une chaise a pris la parole et rassemblé autour de lui un auditoire de désœuvrés. Il raconte l'Afrique et sa grandeur passée. Il affirme que les Pharaons qui ont, des millénaires durant, régné sur une aussi riche civilisation, étaient tous noirs. Autour de lui, on approuve et on argumente. La discussion s'éternise. On refait le monde.

Abdel a filé vers les bandes dessinées. Je le rejoins au même étage et me plonge dans les archives de journaux conservés sur microfilm.

Quand l'heure de rentrer au foyer approche, Abdel m'accompagne. Il ne sait pas où dormir, mais heureusement, je réussis à le faire inscrire, en râlant un peu auprès des surveillants pour les obliger à faire une entorse au règlement. Après l'appel et le repas, nous nous retrouvons à la douche. J'admire son corps musclé et harmonieux qui contraste avec les nudités alentour : ventres flasques sur des jambes maigres, corps abîmés et marqués par la vie de la rue.

J'écris à ma mère de m'envoyer une photocopie de mon diplôme d'infirmier, dont elle a toujours gardé l'original. Je n'ai pas l'intention de rester sans gagner ma vie, ni de me faire assister indéfiniment. C'est une question de fierté et de respect de moi-même. J'ai un diplôme, il est fait pour servir. J'ai décidé de me remettre au boulot.

Une boîte d'intérim m'a proposé une première mission. Une nuit dans un service de réanimation à la Pitié-Salpêtrière. Je panique un peu, mais j'accepte. Je n'ai guère le choix. Il y a si longtemps que je travaille en psychiatrie, que j'ai peur de ne pas être à la hauteur pour des soins infirmiers plus techniques.

Mes craintes se révèlent fondées. Je suis vite complètement débordé, et je crains de faire une bêtise. Chaque geste est si important et peut être si lourd de conséquences. Ma collègue remarque vite mon embarras, et m'aide sans faire de commentaires. Au matin, je m'excuse de lui avoir été de piètre secours. Elle me dit gentiment : « Tu sais, ça aurait été pire si tu n'avais pas été là. »

Je file à la boîte d'intérim et demande un acompte. Ce soir, j'inviterai Abdel au restaurant ou au cinéma, et nous prendrons une chambre d'hôtel, du moins s'il est d'accord. Il le sera.

Les missions se succèdent, il y a du boulot. Les hôpitaux n'ont pas encore crée les pools d'infirmières remplaçantes. Si une infirmière manque, pour une raison ou pour une autre, les services n'ont pas d'autre choix que de recourir aux boîtes d'intérim qui poussent comme des champignons. Certaines professionnelles à l'esprit d'entreprise quittent les hôpitaux pour monter leur propre bureau de placement. En quelques semaines, j'ai fait le tour des spécialités : réa, médecine, chirurgie, cardio, rhumato, pédiatrie... On m'envoie souvent en banlieue, en clinique ou en maison de retraite, qui ont une pénurie chronique de personnel infirmier. Quand une mission dure plusieurs semaines, ce qui arrive, je m'arrange pour me faire loger sur place et je viens passer mes journées de repos à Paris. Je prends alors une chambre d'hôtel. Mais les repos sont si peu nombreux : en tant que célibataire, je suis taillable et corvéable à merci. À toute chose malheur est bon et je me fais des petits mois bien rondelets.

3

Un déclic vers l'action des sans-abri

Mars 1993. La nouvelle est sur toutes les radios : les familles soutenues par l'association Droit au logement (DAL) ont occupé un orphelinat abandonné, appartenant à la ville de Paris, avenue René-Coty, dans le XIVe arrondissement. DAL n'en est pas à son premier coup d'éclat lorsqu'il s'agit de trouver un toit aux familles mal logées. J'avais déjà été fortement impressionné par l'occupation de l'hôtel George-V, et je m'étais promis de les rencontrer.

Je me précipite avenue René-Coty. Un jeune homme distribue des tracts à la gare RER. Un tract qui parle des difficultés insurmontables de ces familles, presque toutes immigrées, pour accéder au logement social. Démarches déçues la plupart du temps du fait de l'attitude discriminatoire des HLM vis-à-vis des immigrés. Paris accepte de moins en moins de pauvres, et même les gens modestes, ainsi que les étrangers. Alors quand on est étranger ET pauvre, autant aller voir ailleurs. La ville de Paris se plaindra ensuite de voir sa population baisser inexorablement de recensement en recensement. Étrange logique. En désespoir de cause, le DAL a décidé d'occuper un immeuble vide et a malicieusement choisi son futur propriétaire. L'immeuble est splendide ! en belles briques jaunes comme beaucoup de constructions de la ville de Paris, avec une grande cour où les enfants, jusque là entassés dans des studios minuscules, chers et insalubres, vont pouvoir s'ébattre en toute liberté.

Mais l'heure n'est pas aux ébats ! Les forces de l'ordre quadrillent le quartier et ont disposé un impressionnant blocus devant le bâtiment, empêchant ainsi toute entrée dans les lieux. Aussitôt très entouré, comme « *celui qui sait* », un homme vient d'arriver placidement en vélo. La quarantaine bedonnante et la moustache conquérante, un sourire narquois et cependant sympathique aux lèvres, c'est l'avocat des familles : ma première rencontre avec François Breteau.

Les soutiens commencent à arriver, et nous nous retrouvons vite plusieurs dizaines, puis plusieurs centaines devant l'immeuble en état de siège. Le Professeur Albert Jacquard prend la parole à l'aide d'un mauvais porte-voix. J'entends pour la première fois sa célèbre formule : « C'est inacceptable, il ne faut pas l'accepter. »

Les passants, pressés, glissent une phrase de soutien ou de connivence.

« Ils ont raison ! »

– C'est une honte tous ces immeubles vides ! »

– Que fait le gouvernement ? »

Ou tout simplement : « Bravo ! »

Nous sommes entre les deux tours des élections législatives. Chaque camp calcule bien les enjeux politiques et les possibles répercussions sur l'électorat. Pendant que nous campons devant l'immeuble, des négociations s'ouvrent à un haut niveau. Le locataire en titre de l'immeuble, la fondation Louise Kopp, refuse de demander l'expulsion, tenant tête à la ville de Paris. Leur attitude courageuse empêche l'intervention des forces de l'ordre. Les soutiens ont le temps de s'organiser.

Sur place, l'ambiance avec les forces de l'ordre est tendue. Les artistes présents aident à apaiser l'atmosphère. Quand les nonnes Troppo [3] entament leurs premières notes, c'est l'instant magique ! même les policiers sont sous le charme et corrigent spontanément leur attitude.

3. Un groupe de jazz.

Le lendemain, c'est le référé d'expulsion au tribunal de grande instance de Paris. Un public nombreux est attendu puisque l'audience est prévue dans la grande salle des criées, où se tiennent d'ordinaire les fameuses, et si tristes, ventes à la bougie. Vous savez, les ventes aux enchères des appartements saisis pour impayés : la foire aux vautours, quoi !

En fait, peu de militants se sont déplacés. Jacques Higelin est là, soutien indéfectible aux familles mal-logées. Les avocats du DAL se complètent à merveille. Nicole Rein sait faire appel au sens de l'humain chez les juges. François Breteau cadre d'un point de vue juridique. Jean-Jacques de Felice élargit le débat et lui donne toute son envergure politique. Mais le travail orchestré par le collectif d'avocats pour convaincre les magistrats de l'importance de la protection du droit au logement ne fait que commencer, et le droit de propriété pèse bien lourd. Les juges accorderont l'expulsion à la ville de Paris : il faudra expulser du beau monde étant donné que de nombreuses personnalités du spectacle, des intellectuels, un évêque, des responsables associatifs ou politiques se sont domiciliés sur place et ont déclaré habiter au 41, avenue René-Coty, posant par là un geste concret de solidarité.

Le DAL fait appel de la décision.

Les occupants de l'immeuble seront expulsés le 26 août dans un déploiement impressionnant (et bien inutile) de forces de police. L'avenue a la couleur bleue des uniformes. Des flics ont pris l'immeuble d'assaut par les toits. La préfecture de police croit-elle avoir affaire à des terroristes ? Les ministres s'attendent-ils à de la résistance ? Ont-ils seulement conscience qu'ils vont expulser surtout des enfants ?

Les familles sortent dignement. L'expulsion a eu lieu avant que la cour d'appel ne rende sa décision. Celle-ci tombe le 17 septembre. L'arrêt Coty reconnaît que des sans-logis, ou mal-logés, poussés par la nécessité, ne peuvent être tenues pénalement ou civilement responsables d'occuper un immeuble vide. La cour accorde un délai de six mois aux occupants. Ne devrait-on pas, d'une certaine manière, remercier, pour service rendu, ceux qui ont décidé de l'expulsion ? Ils ont permis à la justice de renverser la vapeur !

Sitôt la décision connue, l'immeuble est saccagé et rendu inhabitable. Jean Tibéri, sérieusement soupçonné d'avoir donné l'ordre de la destruction, doit essuyer la colère de l'abbé Pierre venu camper devant l'immeuble. Il oblige, à sa grande honte, le premier adjoint à venir sur les lieux.

Des pourparlers s'engagent à l'hôtel Matignon. Les familles obtiendront la garantie de leur relogement. Les pouvoirs publics renoncent à l'expulsion d'immeubles entiers. Victoire sur toute la ligne, mais à quel prix !

Avec la manifestation dans le XIIIe arrondissement, « René-Coty » concrétise ma rencontre avec Droit au logement. Je suis de plus en plus intéressé par le problème des sans-abri, et supporte de moins en moins de voir de si nombreux SDF hanter les couloirs du métro, silhouettes tristes et accablées, venus chercher un peu de chaleur pour le corps et un semblant de vie sociale et de compagnie.

La voie que je veux suivre se dessine. Mon engagement futur aux côtés des sans-logis sera la synthèse d'une sensibilité aiguë à leur souffrance, renforcée par ma propre expérience de la rue, et d'une réflexion politique qui prend corps en moi peu à peu.

4

Saïd

L'ombre gracieuse d'un jeune homme se découpe dans la pénombre de la nuit tombée. Fin du printemps à Montmartre, l'air est encore chaud malgré l'heure. Nonchalamment accoudé à la balustrade, il contemple Paris à ses pieds. Les cheveux noirs, la peau ambrée, le nez fin et droit, des lèvres ourlées, mais sans vulgarité. Ce garçon est vraiment très beau.

Je m'approche et m'installe à ses côtés. Un sourire de bienvenue se dessine sur son visage. Le sourire de celui qui a compris que son charme ne laisse pas indifférent.

« Bonsoir, je m'appelle Jean-Yves. Et toi ?

– Saïd. Enchanté. Je suis marocain et j'arrive à Paris. C'est beau ! »

Nous discutons un bon moment. Saïd me raconte son départ mouvementé du Maroc et toutes les péripéties pour arriver en Europe. Il a dix-neuf ans et veut s'installer en France. Je ne lui cache pas que ce n'est pas facile. Sa conversation est riche et agréable, dans un bon français, et nous passons une partie de la nuit sur un banc, regardant avec plaisir la ville qui le fascine et dont je ne me lasse pas.

Je me suis installé dans un petit hôtel de la Butte Montmartre et Saïd partagera mon logis. La chambre est modeste mais vient d'être refaite à neuf. Et il y a une grande salle de bains. Saïd se promène nu sans aucune gêne, et prend un malin plaisir à m'exciter gentiment. Sa douche prise, il s'enfonce sous les draps, frileux comme tous les Marocains. J'éteins la lumière et me blottis contre lui.

Saïd reste avec moi, chose rare lors de ces rencontres fortuites dans un square ou une gare. Tous ces jeunes un peu paumés, souvent fraîchement débarqués du Maghreb ou d'ailleurs ont envie d'avoir des aventures, ne s'attachent pas et vivent comme l'oiseau sur la branche. Saïd, lui, cherche un port d'attache, au moins pour quelques temps. Ce sera moi.

L'hôtel revient cher et comme je suis le seul à travailler, il me faut assurer pour deux.

« Passer l'été au camping, ça te plairait ? »

– Ah oui ! ce sera plus marrant. Ça te coûtera moins cher. On sera quand même ensemble, tout en voyant plus de monde. Ok ! ça marche. »

Je fonce à L'Armée du Salut où l'assistante sociale, jeune, belle et brave femme, garde mon argent à ma demande pour m'aider à faire des économies (je suis panier percé). Elle me donne de quoi acheter la tente et le matériel. Nous optons pour une tente « igloo », plus à la mode et plus belle que les vieilles canadiennes. Paris possède deux terrains de camping : le Bois de Boulogne et Joinville-le-Pont. Nous préférons ce dernier. Les bords de Marne nous paraissent sympas.

Théoriquement, les Parisiens n'ont pas le droit de séjourner au camping, les SDF encore moins. Dans les faits, il en va tout autrement et beaucoup de sans-logis s'installent pour un temps plus ou moins long. La vérité, c'est qu'il y a bien un règlement, mais qu'une grande tolérance règne, même si personne n'est dupe.

Nous nous installons un peu au hasard au milieu d'un groupe de jeunes Espagnoles. Saïd parle l'espagnol couramment et sera moins seul pendant que je serai au boulot. Il aura tout loisir de se faire des copains et de draguer les filles, son passe-temps favori. Certains jours, je fais exprès de ne pas passer à la boîte d'intérim parce que je sais très bien que si je pointe mon nez, on va m'expédier faire un remplacement dans un hôpital et qu'il sera difficile de refuser. Si je les écoutais, je travaillerais tous les jours. Pas question. Je gagne très confortablement ma vie, et Saïd et moi ne nous privons de rien. Plutôt que de faire la cuisine, nous mangeons le plus souvent au restaurant. Nous sortons beaucoup. Je fais tout ce que je peux pour lui faire plaisir et il me le rend bien. Son besoin d'affection me place un peu dans le rôle du père, qui ne me satisfait pas complètement, mais que j'accepte puisqu'il en a besoin.

Au petit matin, je pars au boulot, sac à dos à l'épaule, ma tenue d'infirmier à l'intérieur. Les réveils sont parfois difficiles, surtout si dans les tentes voisines on a fait la fête toute la nuit.

Les jours de congé, nous faisons les guinguettes des bords de Marne, et Saïd drague les filles sans se gêner. S'il s'aperçoit que je suis un peu jaloux, il se fait plus discret. Il sait bien qu'il me récupérera quand il en aura envie. Tout de même, je suis souvent un peu frustré.

Mais arrivent les premières pluies de l'automne, et le camping devient inconfortable. Nous plions bagage et direction l'hôtel. J'en connais un pas trop cher à Villeneuve-Saint-Georges. Sur le quai, Saïd est derrière moi, le nez en l'air et la porte se referme avant qu'il ait pu monter dans le train. Je suis déjà dans la rame qui démarre. Il ne connaît pas notre destination. Il me faut attendre l'arrêt de Villeneuve et revenir au point de départ. Se sera-t-il perdu ? Va-t-il penser que, lassé de lui, je l'aurais fait exprès ? L'angoisse m'étreint.

Il est là, à m'attendre sagement sur un banc. Il s'est posé exactement les mêmes questions que moi.

« Maintenant, je sais que tu m'aimes », me dit-il.

Nous resterons encore ensemble plusieurs mois. Et un beau jour, il décide d'aller faire un tour aux Pays-Bas. Je l'accompagne à la gare du Nord, lui fais cadeau de mon sac à dos et d'une petite provision de florins. J'ai le cœur serré. Le train s'ébranle sur son image et son souvenir. Je ne l'ai jamais revu.

5

Hiver 1993/1994 : la naissance d'un mouvement

Les journaux de rue fleurissent durant l'hiver 1993-1994. *Macadam* ouvre la route, puis *Réverbère, Faim de siècle*. Ce ne sont pas les titres qui manquent. Je me dis que SDF pour SDF, autant aller jusqu'au bout. Je fais trop sans-logis de luxe et veux voir si je suis capable de m'en sortir en vivant vraiment comme les gens de la rue.

Je monte à Pigalle où *Faim de siècle* a pris ses quartiers. Une équipe jeune et sympathique. J'achète d'emblée un bon lot, tablant sur ma réussite de vendeur de journaux à la criée. Le manager me conseille d'aller faire mes premières armes sur le parking d'un supermarché en banlieue. Je tente un premier essai dans le train.

En fait de réussite, je suis complètement paralysé par le trac, n'osant ouvrir la bouche, et cherchant vainement un moyen de m'en sortir.

« Peut-être que si je vais voir les gens individuellement, ça marchera mieux ! »

Mais c'est encore pire qu'une prise de parole générale pour tout le wagon. Je rentre piteusement à Paris. Je me rends bien compte que la seule bonne méthode, c'est de se jeter à l'eau. Mais le premier pas est vraiment toujours difficile.

Enfin, je me lance. Mon petit discours de présentation du journal a l'air de bien passer. J'ajoute un petit commentaire en anglais pour faire bonne mesure : « *Faim de siècle is a newspaper...* » Ensuite, en français et *in english*, je détaille les principaux articles du numéro en cours avant de passer dans les rangs.

Les journaux se vendent bien, mais sans atteindre les chiffres record annoncés par certains vendeurs, mensonges et vantardises entretenus par les directions des journaux pour culpabiliser et motiver les vendeurs plus moyens. Erreur de calcul dans la plupart des cas : les vendeurs découragés par les soi-disant succès mirobolants de leurs confrères préfèrent arrêter tout net et retourner, plus classiquement, à la bonne vieille manche. Dommage. Les journaux de rue, c'est une bonne idée, mais jusque-là, il faut que des commerçants avides et stupides introduisent un inutile et dangereux esprit de compétition.

Dans les rames de métro, ma petite prestation ne fait pas trop mauvais effet. Quelques pièces de dix francs sont tendues par des mains amicales. « Pour votre anglais », me lance une vieille dame élégante. En fin de journées, mes poches sont alourdies de trois cent cinquante francs, en monnaie bien sûr. Ce sera mon chiffre moyen pendant ces quelques mois où je suis vendeur de journaux de rue, carte de colporteur en poche, dûment estampillée par la préfecture de police, s'il vous plaît. C'est bien assez pour assurer la chambre d'hôtel, les repas et l'achat d'un nouveau lot de journaux le lendemain.

Pendant que les journaux se vendent dans le métro, les gares et les rues, des rumeurs de mécontentement bruissent dans le milieu des sans-abri. Rien d'organisé encore, non, un frémissement dans l'air. Des graffiti apparaissent dans les couloirs du métro, aux accents revendicatifs. Le revirement de l'opinion est patent. Du mépris pour le raté et de l'admiration pour celui qui a réussi, elle passe à une réelle compassion pour tous ceux que la vie n'a pas gâtés.

Je me rends à la Moquette, rue Gay-Lussac. La Moquette, c'est un genre d'accueil de jour qui serait ouvert la nuit. Les lieux sont d'ailleurs tenus par l'association Les Compagnons de la nuit, sous l'impulsion du sympathique Père Pédro. Un petit groupe est en train d'organiser une manifestation à la Bastille. Beaucoup de chamailleries et de querelles de pouvoir, mais c'est quand même un début. Quelques tracts circulent sous le manteau, non signés, malhabiles, ils ont le mérite de révéler un vrai désir d'organisation. Quelque chose se passe, un embryon de mouvement apparaît. Je me tiens prêt, à l'affût de tout ce qui risque de bouger, bien décidé à apporter ma contribution.

L'attente ne sera pas longue. Quelques jours avant Noël, un premier groupe improvise un campement devant le ministère de Simone Veil, avenue de Ségur. Les infirmières ont depuis plusieurs mois déjà planté leur tente dans les parages pour rappeler à la ministre leurs revendications. Elles apportent les premiers soutiens aux sans-abri qui entament une lutte. Simone Veil descend sur le trottoir, embrasse tout le monde et laisse expulser le campement au petit matin. L'évacuation n'est pas tendre : plusieurs tentes sont déchirées. Certains manifestants acceptent de monter dans les cars de police, mais la plupart refusent. Le soir même, ils sont de nouveau devant le ministère. La police les provoque, empêche le remontage des tentes, met les moteurs des camions en route, plein gaz, sous le nez des jeunes recroquevillés sur le trottoir.

Le DAL parle d'installer un immense sapin de Noël mais les SDF choisissent quelque chose de plus modeste. Dès que j'ai appris l'existence du campement, je me suis joint à eux.

Siné a peint une jolie plaque, blanche et bleue, dans le style des plaques portant le nom des rues à Paris : « *Place des san z'abri.* » Steave [4] grimpe sur un poteau et, aux applaudissement des jeunes SDF, tous les manifestants rebaptisent les lieux.

Les militants du DAL ont fait le tour des foyers d'hébergement et distribuent des tracts invitant à des réunions dans un petit bistrot de la Butte-aux-Cailles : *La Folie en tête.* Les Renseignements généraux font le pied de grue sur le trottoir et notent les

4. L'un des pionniers des luttes des sans-abri. À la suite de cette action, il sera à l'origine de la création de la Coordination des sans-abri. Une seconde branche du mouvement apparaîtra au même moment et prendra le nom de CdSL.

entrées et les sorties. Les RG ont apporté une bûche de Noël. Nous la découpons alors en plaisantant :

« Pourvu qu'elle ne soit pas empoisonnée !

– J'espère que les champignons ne sont pas hallucinogènes.

– Fais gaffe au micro caché sous la feuille de houx. »

Jean-Claude Amara [5] prend la parole pour expliquer son action dans les foyers, en équipe avec Gilles. Je me joins à eux, et nous allons rencontrer les gars d'un foyer de l'Armée du Salut. Il faut parlementer un bon moment à l'entrée avec les gardiens qui, dans un premier temps, refusent de nous laisser entrer avec nos tracts. L'accueil est meilleur au foyer Emmaüs du Quai de la Gare, qui, nous ouvrant grand ses portes, nous laisse prendre contact avec les gars en partageant leur repas. Nous faisons la connaissance de Claude qui rejoint la petite équipe fondatrice du comité des sans-logis.

À la réunion suivante, un militant d'AC ! (Agir ensemble contre le chômage) se joint à nous et explique les buts de ce jeune mouvement. Jean-Claude parle des réquisitions des logements vides et des luttes déjà engagées par les familles. Il s'agit maintenant de créer un mouvement de célibataires, les pouvoirs publics refusant de prendre sérieusement en compte leurs problèmes de logement. La réunion se termine en chansons. De sa belle et puissante voix, au *vibrato* si personnel, Jean-Claude entonne *Le Temps des cerises*. Nous sommes bien dans le décor de la chanson. Il est en effet d'usage de rattacher la belle romance de Jean-Baptiste Clément et Antoine Renard aux chansons de la Commune, même si ce n'est pas exact historiquement. Or, nous sommes dans un des hauts lieux de la Commune de Paris, à deux pas du boulevard Blanqui. Plusieurs bistrots ou restaurants du quartier ont choisi leur enseigne dans le texte de la chanson : *La Folie en tête ; Le Temps des cerises ; Le Merle moqueur*.

L'association des Amis de la Commune a toujours son siège rue des Cinq-Diamants. Et aujourd'hui, après un débat serré au

5. L'un des fondateurs du DAL.

Conseil de Paris, la petite place où nous nous réunissons s'appelle « Place de la Commune de Paris. »

Chacun y va de sa chansonnette. Lorsque vient mon tour, j'entonne *L'Internationale*, ce qui ne semble pas plaire à certains. Je me demande bien pourquoi. Les sans-logis de 1993 ne sont-ils pas les nouveaux damnés de la terre, des forçats de la faim ? Hélène Amblard, journaliste, est heureuse de chanter avec moi. Elle nous donnera un sérieux coup de main dans les premiers mois du comité, de même que Flora Tonnelier, autre figure du XIIIe, qui elle aussi est une passionnée de l'histoire de la Commune.

La Folie en tête est en effervescence. François Breteau et Jean-Claude Amara tiennent de mystérieux conciliabules. Une trentaine de militants sont venus nous rejoindre pour cette première action d'occupation du Comité des sans-logis. J'ai pour quelques heures remballé mes journaux. J'ai tout misé sur la réussite de l'action : n'ayant pas « fait » ma chambre d'hôtel, je ne sais pas vraiment où je vais dormir ce soir...

Nous nous dirigeons en groupe vers ce qui deviendra notre premier local : une minuscule boutique sur rue, sorte d'abri de jardin dans la cour d'une belle maison bourgeoise. Nous nous installons tranquillement dans ce local vide et commençons à faire des projets. Nous disposons de deux pièces pour une surface totale de vingt mètres carrés. Dans la première, nous pourrons recevoir les sans logis. Ceux-ci sont nombreux dans le XIIIe arrondissement de Paris qui regroupe la plupart des foyers d'hébergement d'urgence de la Capitale. La pièce du fond servira d'abri provisoire à ceux d'entre nous, volontaires pour l'animation des lieux.

Je sens que nous tenons le bon bout pour créer un vrai et solide mouvement. La tâche va être rude, mais le cadre paraît enfin solide, comparé aux essais infructueux des derniers mois.

Il faut dire que nous avons un allié de poids, le DAL est déjà bien rodé dans l'organisation des mal-logés, et a monté plusieurs coups, campements ou occupations d'immeubles vides. Le « Quai de la gare » et « René-Coty » sont restés dans les mémoires.

Venus d'on ne sait où, des cars bourrés de policiers bloquent la rue et prennent position devant notre nouveau local, empêchant toute entrée. Cela nous rappelle des souvenirs. La préfecture est restée traumatisée par l'occupation de René-Coty. Elle déploie ici un effectif policier disproportionné par rapport à la taille du local et au nombre de militants : une vingtaine. Bientôt, nous ne sommes plus que trois à l'intérieur, sans aucune provision. J'ouvre quand même une bouteille de vin tirée de mon sac.

« Ah ! T'as du pif ! », me lance Jean-Claude de l'extérieur, et nous trinquons à travers les barreaux de la fenêtre.

Mais l'ordre de l'évacuation ne vient pas, et les cars de police disparaissent comme ils étaient venus. Il ne reste plus qu'à fêter cette première victoire et tout le monde trinque. Les militants expriment leur joie et leur satisfaction de voir réussie cette première action.

6

Les sans-logis s'organisent

La vie s'organise au 8, rue Michal, notre permanence. Jean-Claude Patural, prématurément vieilli par plusieurs années de rue, barbiche à la abbé Pierre et caractère en rapport, prend en main l'organisation du local.

Claude, d'Emmaüs Quai de la Gare, reçoit les sans-abri qui se présentent, et commence à monter les dossiers individuels. Il se proclame Secrétaire du Comité, et tient beaucoup à son nouveau titre.

Le propriétaire fait couper l'électricité. Sur ordre de sa direction, un technicien EDF, Pierre Lepontoit, également militant CGT, rebranche l'installation. Par une logique bien incompréhensible, il est par la suite traduit pour ce motif devant le conseil de discipline de l'entreprise. Albert Jacquard, Jean-Claude Amara, François Breteau et moi même sommes cités comme témoins. Au final, EDF, impressionnée par le rassemblement CGT de soutien et les déclarations de témoins, abandonne piteusement toute poursuite contre Pierrot.

« Salut François !

– Salut les asticots, quoi de neuf ? »

François Breteau nous affuble toujours de noms bizarres, comme « les asticots », quand ce n'est pas « les asticots à plumes ».

L'expression est jolie. Chaque samedi matin, il arrive en vélo pour assurer sa permanence juridique, et pendant les premières semaines, il n'a aucun client. Client, c'est d'ailleurs beaucoup dire, puisque sa prestation est gratuite. Il persiste cependant, et sa permanence se remplit peu à peu. Il devient vite débordé. Il faut faire appel à Nicole Rein.

Les militants continuent de faire le tour des foyers du XIIIe avec des tracts. Les dossiers commencent à s'empiler. Il faudra occuper le « fichier des mal-logés [6] » de la rue Agrippa-d'Aubigné pour soulever le lièvre : les sans-logis ne peuvent s'inscrire comme demandeurs de logement social au simple motif qu'ils ne peuvent pas fournir… de justificatifs de domicile, pièce exigée pour l'ouverture du dossier. L'occupation est payante. Les techniciens du logement de la ville de Paris reculent. Premier résultat concret. Il faut dire que nous galérons pour le logement. Chacun a quitté ses petites solutions provisoires : copains, hôtels, foyers… ou rue, pour se consacrer au local et au lancement du mouvement.

Réunion top secret chez Jean-Claude Amara. Un immeuble de bureaux vides a été repéré dans le quartier, au 50, rue Gérard. Plusieurs demandes officielles de réquisition ont été faites à la Préfecture, après convocation des journalistes devant des immeubles vides. Nous avons rappelé le chiffre des cent vingt mille logements vides répertoriés à Paris, plus de deux millions de mètres carrés de bureaux, construits dans l'euphorie, et qui ne trouvent pas preneurs.

Tout le monde est enthousiaste à l'idée d'occuper ce petit immeuble. Nous avons des problèmes aigus de logement, entassés à sept dans l'arrière-boutique de notre petite permanence. Il faut passer à l'action si l'on veut que les pouvoirs publics prennent au sérieux les demandes de logements et de réquisitions.

6. Direction du logement de la ville de Paris.

J'entre le premier dans les lieux, guère rassuré. L'immeuble est plongé dans l'obscurité. Pas question d'éclairer, il faut rester discret les premiers jours si l'on veut éviter une dénonciation et l'expulsion en flagrant délit. Le bâtiment est à taille humaine : deux étages de bureaux, deux grandes salles de réunions et une cuisine au rez-de-chaussée, de petites pièces en étages, réparties autour d'un puits de lumière qui donne un certain cachet à l'ensemble. Philippe Chavance, architecte de formation, trouvera vite le parti à en tirer.

Les copains me rejoignent : les deux Jean-Claude, un jeune couple venu renforcer la petite équipe, Paul, grand échalas à moustache, visage taillé à la serpe et caractère adéquat, ainsi que quelques autres. Les militants du DAL arrivent en soirée. Je fais connaissance avec Annie Pourre qui deviendra une de nos fidèles compagnes de route. Grande et belle femme, cadre à Air France, intellectuelle engagée. Elle me fait excellente impression dès le premier contact. Et surtout, Annie sait créer autour d'elle un climat humainement chaleureux, affectueux, qui se communique vite.

Un copain a rêvé de tout illuminer, tout juste s'il ne propose pas un feu d'artifice, pour annoncer l'occupation. Nous sommes en février. La nuit tombe vite. Un immeuble vide depuis des années, soudain éclairé, ne manquerait pas d'attirer l'attention du quartier, et accessoirement du commissariat de police.

« C'est Versailles ! » répète-t-il, en faisant de grands moulinets avec les bras.

Mais la sagesse reprend le dessus, et il est rappelé que les deux premiers jours se passeront dans le noir, un point c'est tout, et tant pis si chacun en souffre un peu. La réussite de l'action passe avant le confort du militant, même si celui-ci n'est pas à négliger et si l'aspect humain est important. Quelques-uns vont quand même piaffer d'impatience jusqu'à la fin. Il faudra les supporter. Heureusement, nous sommes ravitaillés par les militants qui rentrent et sortent.

L'attente est longue. Annie nous fait passer le temps avec des devinettes. Le soleil tape à travers les vitres, comme une invite à sortir prendre l'air. Mais le jeu en vaut la chandelle. Nous résistons à la tentation.

Une petite manifestation, accompagnée des journalistes et suivie par les RG arrive devant l'immeuble. Les banderoles du CdSL et du DAL, impeccablement travaillées, se déroulent dans un bel ensemble sur la façade du 50, rue Gérard. Une troisième, bricolée à la hâte, apparaît elle aussi sur toute la hauteur du bâtiment : « À Paris, le logement social gagne du terrain », phrase d'un récent discours de Jean Tibéri, malicieusement reprise comme slogan du jour.

La première réunion publique de soutien a lieu le soir même, sur place. Les idées ne manquent pas : créer un comité de quartier, organiser la vie matérielle, monter des fêtes et des spectacles. Joseph, d'Emmaüs Neuilly-Plaisance, un des premiers compagnons de l'abbé Pierre, est là et annonce la livraison des meubles dès le lendemain. Il tient promesse, et la maison est entièrement meublée par les soins d'Emmaüs. Soutien concret et précieux.

Les élus et militants du XIIIe se sont déplacés. Gisèle Moreau, Jeff, Jean-Marie le Guen, Daniel du Parti Communiste, commencent à s'intéresser à ce qui se passe.

Un homme assez âgé et de belle prestance écoute avec intérêt les débats, et demande la parole. « Je suis un des propriétaires de l'immeuble. Je viens d'apprendre l'occupation par le journal télévisé, et me voilà. » Il ne nous souhaite pas la bienvenue mais c'est tout juste. Il fait quelques recommandations concernant la chaudière et la sécurité. Il se refuse toutefois à accorder une autorisation officielle à rester dans les lieux, la propriété étant en indivision.

J'essaie de ne pas laisser s'installer la nonchalance, porte ouverte à l'apathie, au désordre, et à l'échec. Soutenu par Jean-Claude Patural, j'organise chaque matin la répartition des tâches. Les tire-au-flanc sont vite repérés, mais bon an mal an, la vie s'organise à l'intérieur du squat et le mouvement commence à se structurer à l'extérieur. Les tournées des foyers, tracts en main, reprennent. Les sans-abri qui ricanaient, incrédules, sont bien obligés de constater que nous, regroupés, avons trouvé un toit tandis qu'eux-mêmes sont toujours obligés de battre semelle sur le pavé en attendant l'ouverture des foyers d'hébergement. Du statut de traîne-savates, certains de leurs anciens compagnons qui nous ont rejoints sont passés directement à celui de militants.

Il me faut lutter fermement contre l'individualisme, le repliement du groupe sur lui-même. Et contre la vision de la lutte par le petit bout de la lorgnette. J'explique que la logique qui consiste à dire : « Le gâteau est petit, moins nous seront nombreux et plus les parts seront grosses », est non seulement égoïste mais pernicieuse et fausse. Cette logique, c'est la même que celle des luttes corporatistes des salariés. Je prends quelques exemples dans l'histoire du mouvement ouvrier pour expliquer qu'au contraire, c'est l'extension et l'ampleur des luttes qui sont les meilleurs gages de réussite.

La majorité du groupe se laisse convaincre. Mais tout le monde n'est pas sur la même longueur d'onde. le jeune couple qui vit avec nous s'est installé douillettement, et vite coupé des autres occupants. Certains s'enferment dans l'individualisme. C'est un état d'esprit contre lequel il nous faudra toujours lutter, en revenant sans cesse à la logique et la dynamique de groupe. C'est un combat permanent, et qui dure encore.

« Chers habitants du XIIIe arrondissement, savez-vous qu'une association de sans-logis a choisi de s'installer dans votre quartier, en occupant un immeuble de bureaux vides à la Butte-aux-Cailles ? Aidez-les par un petit soutien financier. Merci à chacun. »

Juché sur une borne en granit, place d'Italie, je m'adresse aux passants pendant que les autres secouent leurs cartons pour bien montrer où doivent tomber les pièces de monnaie.

Tenir financièrement n'est pas simple. Nourrir tout le monde est un casse-tête. La banque alimentaire, bien peu généreuse, ne nous donne pratiquement que des raviolis et du gratin dauphinois en boîte. Vieille dame parcimonieuse et avare, la banque alimentaire ne nous accorde pas, c'est le moins que l'on puisse dire, un franc soutien.

Les militants du DAL ont reçu la facture du téléphone. Pas question de laisser Droit au Logement la régler seul. Je descends dans le métro et, dans les rames, je chante *La Butte Rouge*, de Montéhus et Krier. Puis, selon mon habitude, je passe dans les rangs. En quelques heures, la somme est trouvée. Il me faut parfois me rebiffer, sinon les copains m'enverraient chanter dans le métro dès que la caisse est vide.

Au contraire de mes camarades, je préfère au tapage médiatique le contact simple et direct avec la population, sur une estrade ou dans la rue. Les copains, eux, sont flattés par le défilé des journalistes, reporters et photographes en tout genre qui frappent à notre porte. Nous essayons de les recevoir le mieux possible, mais nous nous sentons un peu envahis quand même. Pas de juste milieu avec la presse : ou elle vous submerge ou elle vous ignore. Je ne vis pas très bien tout ce cirque, mais j'essaie d'être disponible à tous.

L'équipe de Jean-Luc Delarue me contacte pour un direct. Nous nous mettons d'accord sur les questions qui seront posées et mes réponses sont préparées par écrit. Histoire de plaisanter, un habitant du 50, rue Gérard demande si on peut venir me chercher en Mercedes blanche pour l'émission.

Le jour du direct, c'est bien une Mercedes blanche qui m'attend devant la porte. Décidément, les équipes de télévision (du moins certaines) ont de ces délicates attentions...

Me voici entre les mains de la maquilleuse qui jacasse aimablement en me poudrant le nez, et hop ! sur le plateau.

Jean-Luc Delarue ne tient absolument pas compte des questions préparées, et cherche à me déstabiliser gentiment. Je ne me laisse pas faire, et lance quelques messages bien sentis, en particulier sur la réquisition des logements vides. J'ai vite compris comment faire avec la presse, et à plus forte raison à la télévision. En fait c'est simple, il suffit de suivre son idée comme l'interlocuteur suit la sienne, et le message passe. Cela fait parfois un peu dialogue de sourds, surtout au début, mais les techniques s'apprennent vite, et tout seul, le plus souvent.

Évelyne, une ancienne copine, me téléphone le soir même. Magie du petit écran.

D'agréables souvenirs de nos étreintes passées remontent en moi. Elle aussi a émigré en région parisienne. C'est une joie d'entendre de nouveau sa voix… Une bonne journée.

Février 1994. Mourad est devant chez nous. Rencontré quelques jours plus tôt lors d'une distribution de tracts dans un foyer Emmaüs, il a retenu l'adresse, et se présente naturellement à la fin de son temps d'hébergement. Il faut savoir que contrairement à ce que croit la plupart des gens, il est impossible de rester dans un foyer tant que l'on veut ou plutôt tant que l'on en a besoin. De quelques semaines de prise en charge il y a quelques années, l'hébergement tend à se réduire à quelques jours, parfois à une seule nuit, qu'il faut tant bien que mal tenter de renouveler [7]. Le SAMU social, de ce côté-là, n'a pas apporté d'amélioration.

Je n'ai plus de cigarette, et encore moins d'argent. Je propose à Mourad de m'accompagner pour une petite manche place d'Italie. Nous nous asseyons sur un banc, et Mourad me raconte les grandes étapes de sa vie depuis qu'il a quitté son pays, l'Algérie. Mouvementée, sa vie. Séjour en Espagne où il tient un restaurant avec un ami. Nombreux passages acrobatiques aux frontières. Rencontres de personnages plus ou moins sympathiques. De longs mois en Allemagne puis la France depuis quelques jours. Nous accrochons tout de suite, lui et moi. Adopté, Mourad.

Il partagera ma chambre quelques jours, le temps de libérer une pièce. Très vite, il s'intéressera au mouvement que nous essayons de construire. Sans-papiers, il se montre beaucoup plus courageux que certains qui en sont pourvus, et ne veut rater aucune action du comité. Actions durant lesquelles, nous sommes parfois obligés de prendre quelques libertés avec la légalité.

7. Aujourd'hui le délai d'hébergement est de 7 jours. Il est toujours aussi difficilement renouvelable.

Mourad sera pour moi un appui constant et fidèle. Nous nous heurtons parfois, et pourtant nous sommes unis par des liens forts. Notre amitié réciproque ne s'explique pas, ni par nous, ni par les autres. Je dirai simplement, derrière Montaigne : « Parce que c'est lui, et parce que c'est moi. »

7

Quand l'art fait dans le social

1994. Paul Virilio, qui a eu de meilleures idées, parraine un concours destiné à de jeunes architectes. Il s'agit de concevoir et de dessiner les plans de balises de survie. Vous avez bien lu : de balises de survie. Les constructions, réparties sur des terrains invendables et accrochées aux façades d'immeubles, doivent recevoir des sans-abri, pour une douche, la réception du courrier, une machine à laver, des offres d'emploi, un fax… un fax !

Le Centre Georges-Pompidou, qui lui aussi a eu de meilleures idées, accepte d'abriter l'exposition des projets de nos jeunes talents. L'initiative est choquante jusque dans le nom choisi : balises de survie. Constat d'échec d'une société française qui a décidé d'abandonner ses sans-abri ? Consciences obscurcies par des centaines d'années d'approche uniquement caritative ? C'est bien toujours la même façon d'aborder le problème, mais poussée jusqu'au cynisme.

Le Comité se réunit pour définir quelques idées-force et les rappeler. Ce qui caractérise les sans-logis, c'est la privation de logement. Leur seul vrai besoin consiste en l'accession à un logement indépendant, au besoin par la réquisition des logements vides.

La réunion publique à Beaubourg est mouvementée. Nous sommes venus en nombre, et chahutons passablement l'urbaniste et la direction du Centre Georges-Pompidou.

Une première manifestation regroupe la coordination des sans-abri, mouvance emmenée par mon ami Steave, soutenue principalement par les anarchistes, et le Comité des sans-logis, qui ratisse plus largement.

Philippe, du DAL, me glisse à l'oreille :

« Il y a longtemps qu'une exposition n'a pas été saccagée à Beaubourg. Qu'est-ce que tu en penses ? »

Il conviendra rapidement de lui-même que ce n'est peut-être pas la meilleure façon de procéder. Philippe propose alors de mobiliser les professeurs et les élèves de l'école d'architecture de Tolbiac, avec une mission simple : faire un projet de transformation de l'immeuble du 50, rue Gérard en habitat temporaire pour vingt personnes sans-abri.

Simple au niveau du concept, la réalisation soulève de nombreuses difficultés pratiques, vite surmontées par l'enthousiasme des jeunes architectes. Ils présentent plusieurs projets et nous retenons le moins onéreux. Ils chiffrent l'ensemble des travaux à cent mille francs. Nos fins stratèges des ministères feraient bien de temps à autre de contacter les élèves des écoles d'architecture avant de se lancer dans des réalisations dont l'inconfort n'a d'égal que le prix exorbitant.

Un beau panneau, intitulé « *Un toit pour vingt, une chambre pour chacun* », est réalisé et encadré. Ayant la même dimension que ceux exposés à Beaubourg, il a belle allure. En manifestation, nous venons l'accrocher dans le hall d'expositions, fiers de participer à une action culturelle. La Direction souffle ! Elle l'a échappé belle, et s'attendait vraiment à quelque chose de plus musclé. Elle accepte d'intégrer le projet à l'exposition. En bonne place, il jouera dans la monotonie ambiante la petite musique originale du Comité des sans-logis.

Mais les jeunes architectes veulent réaliser effectivement leur idée, et parlent d'une souscription pour réunir les fonds. Nous les freinons un peu : le 50, rue Gérard est un squat. Il nous faut respecter ce qui n'est pas à nous, et bien sûr de ne pas le dénaturer. Ce sont des bureaux, qui redeviendront bureaux lorsque nous aurons obtenu le relogement de tous les résidents.

Les balises de survie, elles, finiront aux oubliettes. Exemple parfait des fourvoiements où l'on s'enferre lorsqu'on s'abstient de consulter les bénéficiaires. Une simple petite enquête aurait suffi à démontrer l'inutilité de telles réalisations, sans parler du mépris des sans-abri qu'un tel projet sous-entendait.

8

Du travail et du pain !

Les chômeurs de l'entre-deux-guerres se sont lancés dans des marches pour réclamer du travail et du pain. C'est d'ailleurs le refrain des marcheurs partis le 18 novembre 1933 du nord de la France pour rejoindre Paris :

« Du travail et du pain,
C'est notre cri de guerre.
Assez, assez, assez de la misère
Comme éternel copain.
Du travail et du pain !
Les bourgeois font bonn'chère.
Chez nous les femmes, les vieux, les gosses ont faim...
Du travail et du pain, du travail et du pain. »

Soixante ans plus tard, les revendications n'ont pas beaucoup changé. Combien de chômeurs non indemnisés sont contraints de faire la queue aux restos du cœur et devant les foyers d'hébergement. Un million de Rmistes. De nouveau, la paupérisation du travail. Les *working poors* apparaissent en France avec les contrats précaires.

Oui, c'est bien toujours pour du travail et du pain que les marches d'AC ! du printemps 1994 sont parties des quatre coins de France. Plusieurs jeunes du Comité des sans-logis y participent. Chaque jour, nous recevons des nouvelles, parfois un peu inquiétantes, de la marche sud-est où nous avons plusieurs militants. Les copains y vont un peu fort dans l'occupation des mairies, et manifestent avec véhémence lorsque l'intendance ne suit pas. À Paris, la direction des marches a privilégié l'aspect politique, ce qui est normal, mais la logistique laisse à désirer. De nombreux SDF ont suivi, sans autres ressources que leurs deux mains pour faire la manche.

L'arrivée à Paris est triomphale. Trente mille manifestants sont rassemblés place de la Bastille pour accueillir les marcheurs, et nous escaladons le grand escalier de l'Opéra, le cœur gonflé d'une joie et d'une fierté intenses.

Le 24 mai, un immeuble appartenant à la Banque de France est occupé au 14, rue Béranger, proche de la place de la République, par des familles du DAL, des sans-abri du CdSL, et les marcheurs d'AC !

L'abbé Pierre, arrivé peu après sur les lieux, appelle à la réquisition des logements vides, et demande à voir les responsables de la Banque de France. Ceux-ci, mines déconfites, font tout de même le bon choix, et promettent le relogement de tout le monde. Ils tiendront parole, et, en quelques semaines, un immeuble de Saint-Ouen est rénové. Victoire sur toute la ligne, mais pour quelques sans-abri seulement. Les réunions avec les pouvoirs publics nous montrent le degré de résistance à l'application effective de la loi de réquisition. Les élus tremblent devant les grands *lobbies* des propriétaires, et le gouvernement n'ose prendre ces mesures énergiques et à forte charge symbolique. Au cours d'un entretien, Jean-Baptiste Eyraud [8], sortant de sa réserve habituelle, leur rétorque que la pression de la rue saura bien les y contraindre.

Nous nous accrochons à notre idée et les actions se multiplient. Le « fichier des mal-logés » de la rue Agrippa-d'Aubigné est occupé plusieurs fois et les manifestations se font virer *manu militari*.

8. Président du DAL.

Les locaux de la préfecture et ceux du « fichier des mal-logés » font partie du même ensemble architectural. Les uns dépendent de l'État, les autres de la ville de Paris. D'un côté le boulevard Morland, de l'autre la rue Agrippa-d'Aubigné. Quand nous allons demander la réquisition d'un côté, on nous envoie de l'autre et vice-versa. Ballet cocasse organisé par les pouvoirs publics qui n'ont pas beaucoup le sens du ridicule. Ballet organisé par une caste coupée de la réalité du quotidien et du peuple qui voit, lui, de plus en plus favorablement l'idée de réquisitionner les logements vides. Logique. Mais la logique n'est pas le fort des énarques.

9

Le Moulin-de-la-Pointe et les premiers militants

La Moquette m'a invité à venir parler de notre action.

Me voici devant un parterre d'oreilles attentives. La Moquette est aussi le lieu des idées, de la création. J'explique ce que le Comité a déjà réalisé, et où nous voulons en venir : jeter les bases d'un véritable mouvement de sans-logis, ancré dans le mouvement ouvrier et en liaison étroite avec les autres associations, partis et syndicats. Le lien avec la classe ouvrière et le mouvement ouvrier m'est toujours apparu comme fondamental et trop souvent négligé par les nouveaux mouvements sociaux. La classe ouvrière a une histoire et une tradition, et c'est dans cette histoire et cette tradition que nous inscrivons notre action. L'ailleurs, c'est pour moi l'aventure, voire l'aventurisme.

À l'issue de la conférence, une dame vient me voir pour demander notre adresse et proposer ses services. Menue, cheveux grisonnants, on la dirait sortie d'un roman d'Agatha Christie. Je viens de faire la connaissance de Denise, qui va prendre beaucoup de place à l'Association.

J'ai grand besoin que quelqu'un du métier vienne tenir les permanences sociales. Denise, infirmière, puis éducatrice spécialisée de formation, se propose.

« Tu sais, nous n'avons rien. Nos permanences se font à la bougie. Auras-tu besoin d'une table ? »

Denise ne sait pas où elle a mis les pieds. Mais l'aventure a dû lui plaire. Des années après, elle est toujours là.

Mohamed, grand et beau garçon marocain, est venu nous voir rue Gérard pour nous demander de l'aide. Il a trouvé un squat rue du Moulin-de-la-Pointe, et y a installé sa famille et quelques amis à lui.

L'endroit est immense. Plusieurs bâtiments bas autour d'une belle cour pavée. Anciens logements bon marché, cet ensemble a été racheté par un promoteur immobilier, la COPRA qui, comme on s'y attendait, veut tout raser pour faire du n'importe-quoi-pourvu-que-ça-rapporte-de-l'argent. Coup classique des spéculateurs à Paris ! Les pauvres expédiés en banlieue, et des terrains ainsi libérés pour construire des logements pour les riches. C'est simple, il suffisait d'y penser. Et croyez-moi, beaucoup y ont pensé.

Nous voilà investis de la mission de remplir les immeubles vides du 10, rue du Moulin-de-la-Pointe, proche du métro Tolbiac. Nous filons à la permanence de la mission France de Médecins du monde, rue du Jura, et nous proposons ces logements à ceux qui en ont besoin. La seule condition est de rendre habitable son chez-soi, et de participer aux gros travaux collectifs de rénovation.

Il y a beaucoup de travail, et il faut sans cesse motiver les uns et les autres qui trouvent suffisant l'aménagement de leur petit coin, et rechignent devant les travaux des communs.

Le soir, de mémorables fêtes rassemblent tout le monde dans la cour autour d'un feu. Nous prenons le repas ensemble, et la soirée finit en chansons. Je me dis que très peu de Parisiens, à moins d'être très riches, ont ce privilège d'une belle cour pavée où passer entre amis les soirées d'été.

Les écologistes du XIIIe sont venus en renfort, Pierre-Alain Brossault en tête, heureux de participer au sauvetage d'un tel trésor et tenter de préserver cette qualité de vie qui se perd. Nous quittons notre permanence de la rue Michal pour nous installer, toujours dans une boutique donnant sur rue, au Moulin-de-la-Pointe.

Denise a mis en place ses permanences. J'ai trouvé sa table et des bougies. Les résidents des foyers commencent à affluer. Les dossiers s'accumulent. Chaque jour, je fais une intervention orale pour préparer les SDF à des actions collectives. À eux de faire valoir leurs droits, et d'abord le droit au logement. Les soutiens extérieurs sont solides : associations, partis et syndicats du XIIIe. Gisèle Moreau, du Parti Communiste, passe souvent.

J'aime son contact simple, amical et direct. Pas de chichi. Le PS, avec Jean-Marie le Guen, est présent lui aussi. Les Verts et la LCR entretiennent avec nous des contacts réguliers, de même que l'AREV. LO s'y mettra plus tard, mais sera un soutien constant et solide.

Chaque samedi matin, branle-bas au 50, rue Gérard où se tiennent les premières AG, la salle du Moulin-de-le-Pointe étant trop exiguë pour contenir tous les sans-abri qui affluent. Nous nous rassemblons devant la mairie du XIIIe arrondissement pour un concert de bidons et de casseroles. Nous faisons fête aux jeunes mariés, et certains se laissent photographier en notre compagnie. Ils donnent ensuite au maire notre tract avant de voir célébrée leur union. Le Parisien publie quelques photos, qui donnent un caractère sympathique et populaire à notre action.

Journée de détente à Versailles. Avec Mourad. Versailles est pour moi un endroit magique. Harmonie de l'équilibre, rigueur et magnificence, grandeur et perfection. Versailles, c'est la beauté à l'état pur, intemporelle. Une merveille.

Se rendre à Versailles, pour qui milite aux côtés des laissés-pour-compte, c'est aussi se laisser ramener à son époque. Celle-ci ne fut pas exempte de révoltes, qu'ont dû affronter la régence puis le roi Louis XIV : révoltes des croquants et des nu-pieds de Normandie, de Rouergue, des sabotiers de Sologne, des Bonnets

Rouges en Bretagne, puis des camisards et des tard-avisés en Quercy. Plus la Fronde. Et plus tard, les premiers épisodes de la Révolution française. Les femmes qui, le 5 octobre 1789, parties de Saint-Eustache, convergent vers Versailles, avec toujours la même revendication : « Du pain. Allons chercher le boulanger, la boulangère, et le petit mitron ! »

En traversant la chambre du roi, je me dis que ce serait peut-être pas mal de l'occuper avec des sans-abri, et de menacer de ne pas quitter les lieux avant d'avoir obtenu un accord de relogement pour tous. L'occupation du château se fera bien, et même de la chambre du roi, mais plus tard, avec l'ensemble du mouvement social. Encore mieux. Et avec une banderole déployée du balcon : *« Pour nous ce n'est pas la vie de château. »*

10

Du courant et des lumières

Les propriétaires de la rue Gérard nous ont réservé une mauvaise surprise. Coupure brusque de l'électricité. Nous nous précipitons à EDF pour demander le rétablissement immédiat du courant. Mais EDF est ravie de nous apprendre que seule la suspension des fluides a été demandée, et non pas la résiliation de l'abonnement. Par conséquent, le compteur restant au nom des propriétaires, EDF refuse de rétablir le courant. Le coup est classique, mais rude. Vingt personnes habitent l'immeuble, dont une famille africaine du DAL, avec un enfant en bas âge, handicapé de surcroît.

Réunion en urgence à la bougie :

« On ferait mieux de partir.

– Parce que tu crois qu'ailleurs, on ne nous fera pas le coup !

– De toute façon, ils ne nous relogeront jamais.

– Bien sûr que si. Battons-nous au lieu de baisser les bras. On a l'habitude, non ! »

Le découragement est tangible. Mais la plupart décident de rester, et au final, tout le monde se laisse convaincre. Demain, nous contacterons nos avocats, François Breteau, Nicole Rein et Jean-Charles Plançon, pour préparer la riposte.

Nous occupons l'agence EDF de la Butte-aux-Cailles, et déversons dans le hall de pleins sacs de choux de Bruxelles avariés du congélateur, donné par Emmaüs. On dirait une manifestation de la Confédération paysanne. Les cadres EDF arborent une mine déconfite. Parallèlement, les avocats engagent une procédure judiciaire et nous voilà de nouveau au tribunal des référés. Mais cette fois-ci, c'est nous qui attaquons. Le tribunal ordonne la restitution des fluides contre l'avis du propriétaire. L'ordonnance fait jurisprudence. Tous les squatters de France peuvent l'utiliser si besoin.

Avec la lumière revient la bonne humeur, mais nous avons passé dix jours difficiles, et le découragement n'était pas loin. Une fête réunit tous les habitants et quelques invités.

Je demande à Albert Jacquard de venir nous donner une conférence. « Mais sur quoi ? Le logement, je ne suis pas spécialiste.

– Tu n'es peut-être pas spécialiste du logement, mais tu l'es dans la génétique. Donne-nous un cours de génétique. »

Un cours d'Albert Jacquard est un enchantement. Ce qui me surprend le plus, c'est que tout le monde y trouve son compte, et que personne ne s'ennuie : aussi bien celui qui n'a qu'un niveau d'études primaires, que l'étudiant, la mère de famille, et le maître de conférences. Pour l'occasion, nous invitons du monde et participons aux prémices d'une future université populaire. Celle-ci prendra son essor lors de l'action de la rue du Dragon.

11

1994 : premières actions de réquisition

Occuper des logements vides, c'est bien. Faire évoluer l'opinion publique, c'est mieux. Mais celle-ci est toute disposée à se laisser convaincre. Obliger les pouvoirs publics, État et communes, à appliquer la loi de Réquisition est une autre paire de manche. Certains maires courageux prennent tout de même en urgence quelques arrêtés de réquisition. Mais aucune volonté gouvernementale ne se manifeste, et la réquisition, toujours inscrite dans le code de la Construction et de l'Habitat, reste lettre morte. Deux millions de logements inoccupés en France. Cent vingt mille à Paris, voilà le triste bilan d'une politique spéculative effrénée.

Mais la pression de l'opinion publique, largement relayée par les médias, monte inexorablement, rumeur insistante venant clapoter aux marches du Pouvoir. L'État fait de la résistance et, pour l'instant, la sourde oreille. Les militants du DAL et du CdSL, forts de la sympathie du pays tout entier, décident de durcir les occupations et de faire monter la pression. La mayonnaise, comme on dit en jargon militant. Le bouchon doit sauter, et le bouchon sautera, quoiqu'en pensent les Balladur et autres défenseurs des grands propriétaires.

Le foyer Emmaüs de la rue Pigalle va fermer. Le propriétaire, une importante compagnie d'assurances, veut récupérer les lieux.

Quelques résidents viennent nous voir, d'autres contactent la CGT du VIIIe arrondissement.

Nous rencontrons François Desanti, futur responsable national des comités de chômeurs CGT. Une première action est programmée très rapidement. Nous commençons par interpeller le maire, l'inénarrable Kaspereit, vieux routard de la politique, en pleine réunion du CICA. Manquant s'étrangler d'indignation, il se met à crier : « Réquisitionnez la police, réquisitionnez la police ! » Il ferait mieux d'œuvrer à réquisitionner les logements. Devant son attitude obtuse, je perds mon sang-froid (c'est rare mais ça arrive) et pendant qu'il vocifère, je me mets à taper du poing sur son bureau : devant les conseillers médusés, je lui promets qu'il entendra très bientôt parler des sans-logis du VIIIe. Une belle pagaille.

Nous avons prévu de bloquer le carrefour de la Chaussée-d'Antin, en pleine heure du déjeuner, et de tenir le plus longtemps possible. Le moment venu, nous nous dirigeons par petits groupes vers le carrefour stratégique et nous nous installons en plein milieu, déployant les banderoles, distribuant les tracts… Nous prenons à tour de rôle la parole au micro, histoire d'entretenir l'agitation. Nous expliquons aux passants et au personnel des bureaux et des grands magasins en pause la situation des hébergés du foyer Emmaüs-Pigalle qui risquent de se retrouver bientôt à la rue. On sent une réelle sympathie de la part des gens apostrophés. Les camarades de la CGT bloquent les deux artères principales conduisant au carrefour. Finalement, ce sont les cars de police qui vont prendre le relais et empêcher la circulation. Ils ont bien compris notre détermination et ne tiennent pas à un accident. Un fonctionnaire des Renseignements généraux s'approche et me glisse : « Eh bien, les gars, vous êtes gonflés ! » Tout juste s'il ne nous félicite pas.

De notre place, nous n'entendons pas grand-chose, mais le spectacle vaut son pesant d'or : coups de klaxons dans les rues avoisinantes et affolement des grands jours. Les copains de la CGT sont hilares, et s'amusent comme des gamins. Sur le périphérique, la circulation restera perturbée jusqu'à 20 heures.

Jean-Claude Amara, qui craint l'évacuation par la force, répète à intervalles réguliers au porte-voix : « Monseigneur Gaillot, qui est à l'Élysée, va arriver d'un moment à l'autre pour nous apporter son soutien ! »

Paroles magiques pour les policiers ! Si Monseigneur Gaillot est à l'Élysée et s'il vient directement ici, c'est qu'effectivement il se passe quelque chose d'important. Surtout ne pas commettre d'impair. Le temps passe et l'ordre d'évacuation ne tombe pas.

Nous tenons le blocus pendant une heure et demie, puis nous nous dirigeons en tranquille manifestation vers la mairie du VIIIe arrondissement, en dénonçant les immeubles vides au passage et sans nous priver de commentaires braillés au porte-voix devant les entrées des grands hôtels huppés. Les portes de la mairie se ferment dès l'arrivée de la manif. Elle ne s'ouvriront même pas pour une délégation. Kaspereit boude.

Dans le petit local de la CGT qui nous sert de base arrière, c'est l'effervescence. Les hébergés s'organisent et l'idée d'occuper un immeuble prend corps. Le 8, rue Condorcet, appartenant à EDF/GDF a été repéré. Au jour dit, c'est une joyeuse manifestation qui prend la direction de la cible, depuis le métro Blanche. Ce n'est pas dans les habitudes des associations qui préfèrent donner un rendez-vous secondaire et progresser en métro. Mais nos amis de la CGT ont absolument tenu à une manifestation : unité oblige.

Les cars de police arrivent quelques minutes après nous. Tout le monde n'a pas encore pénétré dans l'immeuble. Casques, boucliers et matraques en main, pas besoin de nous faire un dessin : on va se faire virer *manu militari*.

Mais, coup de théâtre, c'est maintenant la voiture de l'abbé Pierre qui fait son apparition, et le petit homme, appuyé sur sa canne, entre placidement, comme si de rien n'était. Là aussi, instant magique : matraques et boucliers disparaissent comme par enchantement. Les calots remplacent les casques et les cars de police lèvent le camp aussi vite qu'ils étaient arrivés.

L'intersyndicale EDF/GDF diffuse aussitôt un tract de soutien, exigeant le relogement des hébergés d'Emmaüs-Pigalle, des chômeurs de la CGT et des familles. Jacques Daguenet, élu communiste du VIIIe arrondissement, apporte lui aussi son soutien. Le Front national réagit également, et organise une pitoyable manifestation contre l'occupation de l'immeuble.

Le relogement est rapidement acquis, comme rue Béranger. Quelques semaines plus tard, le 8, rue Condorcet se vide en un joyeux déménagement. Les squatters se séparent, bail et clés en main. EDF fait aussitôt murer l'immeuble. Chat échaudé...

Le succès des actions d'occupation, largement médiatisé, nous amène la population des foyers d'hébergement. Les gars voient là une petite lueur dans la nuit de leur vie errante, et viennent dans l'espoir d'obtenir un logement. Nous sommes une association de pression, et encore aujourd'hui, il nous faut lutter contre la fausse idée selon laquelle nous relogeons les gens directement. Mais rien n'y fait, après chacune de mes interventions quotidiennes au local, il y a toujours quelqu'un pour venir me voir en particulier et me demander où en est « son dossier ». Alors, il faut expliquer encore. Le travail social a tellement placé les gens de la rue dans un assistanat conduisant à la dépendance, individualisant et trop souvent psychiatrisant la relation, que les sans-abri ont le plus grand mal à s'inscrire dans une dynamique collective.

« Ici ce n'est pas une agence immobilière. Ou tu te bats, ou tu te débrouilles tout seul avec ton assistante sociale. À toi de choisir ! »

Heureusement, le Comité a déjà un bon groupe de militants actifs : Denise, Mourad, Ahmed et quelques autres. Nous nous réunissons tous les samedis en assemblée générale. Le schéma organisationnel est simple. Chaque personne faisant son dossier devient *de facto* membre et participe du coup à l'AG, peut donner son avis et exprimer ses idées. Les initiatives sont parfois farfelues. Mais mieux vaut des idées un peu folles que pas d'idée du tout. Il faut alors expliquer dans quelles limites telle action est possible, dans quelles autres elle est souhaitable, dans quelle mesure elle est nécessaire, et si elle va favoriser ou non l'avancée des revendications. L'AG a lieu à 15 heures. Nous sommes stricts sur l'horaire, et avons toujours commencé à l'heure précise, contrairement aux mauvaises habitudes parisiennes. Certains copains sont déjà un peu éméchés quand débute la réunion, et il est arrivé que des bagarres éclatent. Mais le travail continue malgré tout.

Nous nous rendons régulièrement gare d'Austerlitz, où les associations caritatives distribuent la soupe du soir. Elles nourrissent le corps. Nous nourrissons l'esprit. J'attends toujours que chacun ait mangé, soit bien calé, avant de monter sur les escaliers pour ma prise de parole. Comme le dit l'héroïne de Brecht, Jeanne Dark, dans *Sainte Jeanne des abattoirs* [9] :

« Bon, et maintenant, mangez cette soupe chaude, et vous constaterez qu'après on voit les choses d'un tout autre œil. » J'invite les gars à réfléchir sur l'oppression dont ils sont victimes. Je dénonce la torture morale infligée à ceux qui sont contraints de dormir dehors, au pied d'immeubles en parfait état et parfaitement… vides. Et je leur propose de nous rejoindre.

Au cours d'une de nos sorties à la gare, nous rencontrons Marco. C'est la veille de son soixante-dixième anniversaire. Quelques gars le protègent jalousement. Il s'est plusieurs fois fait racketter sa pension. « Mais c'est inadmissible de le laisser fêter ses soixante-dix ans dans la cour de la gare. On se doit de faire quelque chose. »

Les gars nous le confient. Marco dormira rue Gérard. Le lendemain, une fête est organisée en son honneur : un *« happy birthday »* repris en chœur, un beau gâteau couronné de bougies. Marco a les larmes aux yeux. J'appelle la mairie pour une prise en charge.

9. Bertold Brecht, *Sainte Jeanne des abattoirs*, trad. de l'allemand Gilbert Badia, Arche éditeur, 1983.

Il n'est pas rare de rencontrer des personnes âgées à la rue. Certaines ne supportent pas les structures collectives proposées, rebutées par la promiscuité et la dépendance et, à tout prendre, préfèrent encore une vie errante. D'autres ne connaissent pas leurs droits. D'autres encore sont dans des situations administratives inextricables, et ont fini, de guerre lasse, par baisser les bras.

Ainsi de Kader, petit grand-père digne que nous découvrons sous un abri de tôle ondulée. Transi de froid, nous serons pour lui aussi un secours. Un pensionnaire de plus pour la rue Gérard.

Certaines nuits, ce sont plusieurs dizaines de SDF qui dorment dans chaque recoin de la gare d'Austerliz. Quelques-uns essaient de trouver refuge dans les trains, mais la brigade ferroviaire n'est pas tendre, et ils sont vite délogés, sans ménagement. Des baraquements de fortune fleurissent autour des gares, dans des terrains vagues, sous les ponts. Nous sommes pourtant en 1994.

12

Petite histoire de grandes luttes

Les luttes-logement n'ont pas commencé avec nos mouvements, même si nous les avons replacées dans l'actualité. Le droit au logement est bien une revendication constante du mouvement ouvrier. À tout seigneur tout honneur, pour un petit flash-back historique, commençons par le citoyen Cochon, précurseur de nos luttes.

À la fin du XIXe siècle, les anarchistes comprennent les premiers l'importance des luttes pour le logement, et entreprennent de les organiser. La Ligue de la grève des loyers, puis la Ligue des anti-propriétaires, vont aider les familles qui ne peuvent payer le terme de loyers excessifs à déménager en douce. Le huit du premier mois de chaque trimestre, ce sont ainsi parfois plusieurs milliers de déménagements « à la cloche de bois » qui sillonnent Paris au petit matin [10]. Georges Cochon, né à Chartres en 1879, dirige dès 1911 la Fédération des locataires. Il perfectionne le système, et inaugure des formes de luttes originales.

Leyla Dakhli, militante de SUD-Étudiant et du Comité des sans-logis a écrit un article vivant et documenté sur Cochon pour notre journal *Antigel*. Je ne résiste pas au plaisir de vous en citer quelques extraits : *« Dans un contexte de crise forte du logement, ce*

10. DAL, *Le logement, un droit pour tous*, Le Cherche-Midi éditeur, Paris, 1996.

personnage haut en couleurs qui deviendra vite très populaire réussit à fédérer et à politiser les revendications des mal-lotis (...). Le 31 décembre 1911, il amorcera sa lutte en se prenant lui-même pour cobaye. Le citoyen Cochon refuse de payer son loyer d'avance. Il organise le déménagement public de son mobilier menacé de saisie... Mais il est stoppé par la police qui quadrille le quartier. Il déploie alors une banderole à son balcon, sur laquelle il inscrit :

"Respectueux de la loi violée par la police au service du propriétaire, je ne sortirai que contraint par la force." Sur une seconde, on peut lire : "Pour renseignement, s'adresser à mon nouveau concierge, M. Meyer, officier de paix." Puis il hisse un drapeau rouge. Il obtient le soutien de la presse d'extrême gauche et l'appui des gens du quartier, qui le ravitaillent pendant cinq jours. Cette action est un vrai succès. Le tribunal donne raison à Cochon, et décide que le siège doit être levé... »

Installation d'une famille sans-logis au jardin des Tuileries dans une baraque de fortune, relogement d'une autre dans la cour de la préfecture de police. Les coups d'éclat de Cochon se multiplient et deviennent de sympathiques méthodes de défoulement populaire, en même temps que d'importants leviers politiques.

Chaque action est accompagnée de la fanfare « Le raffut de saint Polycarpe ». Les taxis en grève suivent les manifestants, souvent plusieurs milliers de personnes. C'est la première épopée pour le droit au logement.

Après la Seconde Guerre mondiale, une crise grave du logement s'abat sur la France. Des milliers d'immeubles ont été bombardés durant les hostilités. Les travailleurs ne trouvent plus à se loger. L'abbé Pierre fonde les Compagnons d'Emmaüs, et se lance dans le bâti de cités de fortune pour loger dans l'urgence les ouvriers et les chômeurs. Léo Hamon, gaulliste de gauche, intervient au Sénat pour demander un milliard afin de construire des logements de première nécessité. Les baraquements de l'abbé Pierre commencent à faire honte aux pouvoirs publics. Les panneaux placardés aux entrées sont régulièrement arrachés par la police, preuve de la gêne éprouvée en haut lieu : « *Ce hameau de détresse est à l'honneur de ceux qui par leur travail ou leurs dons ont permis de l'établir, et à la honte d'une société qui n'est pas capable de loger dignement ses travailleurs.* » La mort d'un nouveau-né dans une cité de fortune va mettre le feu aux poudres. Interpellé par l'abbé Pierre à la Une du *Figaro*, le ministre du Logement, Lemaire, doit se rendre aux funérailles. Les actions se multiplient : un camp de toile Porte de Vanves ; des squats sous les arcades du viaduc d'Auteuil, sur les berges de la Seine, au pont Sully et au pont de Tolbiac. Le 1er février 1954, l'abbé Pierre se rend dans les studios de Radio-Luxembourg. Une femme expulsée de son logement est morte sur le boulevard de Sébastopol : « Mes amis, au secours (...) »

Un extraordinaire élan de solidarité embrase le pays tout entier. L'hôtel Rochester, rue la Boëtie, devient la base arrière *de « l'insurrection de la bonté ».*

Les luttes se poursuivent dans les années 1970, soutenues par le Secours rouge et l'extrême gauche. En 1978, François Mitterrand visite un squat de la place des Fêtes. Mais la gauche socialiste au pouvoir ne s'oppose pas à l'expulsion des « occupants rénovateurs » qui squattent rue de Crimée des immeubles de la ville de Paris.

13

La rue du Dragon

Pour des raisons techniques, l'action a été repoussée à plusieurs reprises. Tout le monde trépigne d'impatience, et la fièvre monte lors des AG du samedi.

« Alors, c'est pour quand ?

– On y va, oui ou non ?

– On l'occupe cet immeuble, ou on continue à crever à petit feu dans les foyers ? »

Mais pas question de s'engager à la légère sur une action attendue par tout le mouvement social, à l'heure où la classe ouvrière subit de plein fouet les crises conjuguées du chômage et du logement. Il faut obtenir une fois pour toutes satisfaction sur la réquisition des logements vides et par conséquent ne rien laisser au hasard dans la préparation.

« Il faudrait que tout le monde s'y mette. Il faut faire le tour des foyers. » Quelques gars se joignent à Jean-Claude et à l'équipe de préparation. Les autres sont chargés de mobiliser. Les lieux d'hébergement sont visités de façon systématique, tracts en main. Une liste de futurs habitants pour l'immeuble occupé circule. Au final, ce sont trente familles du DAL, choisies parmi les cas les plus urgents, et trente célibataires du CdSL, pour la plupart hébergés en urgence sociale, qui vont participer à la plus importante action-logement de la fin du siècle : la rue du Dragon.

Une dernière diffusion de tracts au foyer de la Poterne des peupliers, XIIIe arrondissement, nous voilà prêts pour affronter le grand jour. La Poterne a remplacé le foyer du Château-des-Rentiers où j'ai séjourné quelque temps. La ville de Paris présente cette réalisation un peu comme sa vitrine quant à l'urgence sociale. Moi, ça me fait plutôt penser à une prison, froide et impersonnelle. Jusqu'à la dernière minute, il faut mobiliser les foyers pour l'action prévue pour le lendemain.

18 décembre 1994. La journée débute par la lecture du *Journal du Dimanche* dans un petit bistrot de la place d'Italie. Je lis l'éditorial, signé de l'abbé Pierre, et intitulé *Opération colère* aux copains. L'abbé Pierre prend la responsabilité morale de l'action qui va avoir lieu quelques heures plus tard, et remercie *« les courageuses associations Droit au logement et Comité des sans-logis »* qui ont monté l'opération. Les habitants du 50, rue Gérard vont prendre une bonne douche aux bains municipaux de la Butte-aux-Cailles, les seuls alimentés par une source jaillissant d'un puits artésien. L'eau, bien chaude, nous fait du bien, et un bon petit déjeuner met les troupes en forme pour le reste de la journée, qui va être longue. Notre rendez-vous est fixé à la place du Châtelet. Plusieurs centaines de personnes attendent le signal du départ. Comme d'habitude, personne ne sait où l'on va. Lorsque le cortège s'engouffre avec entrain dans le métro, le sentiment dominant en moi est fort simple. Il y a des logements vides, quoi de plus normal et de plus juste que de les remplir ?

Annie est montée dans la petite cabine à côté du conducteur et, à la station Saint-Germain-des-Prés, celui-ci annonce au micro : « Annie, du DAL, vous demande de descendre. » Ce travailleur anonyme a dû être fier par la suite d'avoir donné, sans le savoir, le signal de départ d'une des plus fortes actions des mal-logés.

Une cinquantaine de jeunes militants remontent au pas de charge le boulevard Saint-Germain. À noter qu'ils ne savent pas du tout où ils vont. Mais en tout cas, ils courent, dans la fièvre, l'enthousiasme et le feu de l'action. Jean-Claude Amara a le plus grand mal à les rappeler pour bifurquer sur la rue du Dragon.

Quatre autres rendez-vous, dont un pour la presse, ont été donnés dans Paris, et c'est à plus d'un millier que nous convergeons vers le 7, rue du Dragon. Militants associatifs et syndicaux, militants du parti communiste, des Verts, de la LCR encadrent les familles et les gars de la rue jusqu'à leur nouveau logement. De nombreuses personnalités se sont jointes à la manifestation. On remarque Jacques Gaillot, Léon Schwartzenberg, Marina Vlady, Albert Jacquard, Jacques Higelin, Henri Malberg, Alain Krivine, Marie-Claire Mendès-France et bien d'autres encore.

Un ami me manque. C'est Mourad. Nous avons interdit aux sans-papiers de participer à l'action. Sécurité oblige. Mourad a eu beaucoup de peine, mais nous n'avons pas cédé. À l'écoute des radios, il suivra l'action de loin, et nous rejoindra plus tard, si tout se passe bien.

De nombreuses forces de police sont concentrées rue des Saints-Pères. La Préfecture est persuadée que nous allons occuper l'hôtel particulier de Bernard Tapie. C'est vrai que le bruit a couru. Nous l'avons laissé courir. Si la préfecture de police croit tout ce qu'elle entend, c'est son affaire. Nous, nous sommes là pour faire avancer le droit au logement, pas pour jouer les guignols et les amuseurs publics.

Tout le monde se met au déchargement des meubles et des matelas. Harlem Désir, encombré d'une machine à laver, ne sait pas trop quoi en faire. Quand Jean-Claude Amara annonce le nom du propriétaire, c'est un tonnerre d'applaudissements. Nous sommes dans un immeuble de la COGEDIM, un des plus gros promoteurs immobiliers, aux pertes financières énormes, renflouées comme il se doit par nos impôts. Pour se remettre à flot, la COGEDIM rêve de bâtir rue du Dragon un complexe immobilier de luxe.

L'ensemble est immense, et donne également sur la rue de Rennes : deux corps de bâtiments dominent une grande cour, qui fera la joie des enfants, comme avenue René-Coty.

L'immeuble de la rue de Rennes abritait autrefois le cours Désir, collège chic pour jeunes filles. Simone de Beauvoir a fréquenté l'établissement.

Côté rue du Dragon, nous sommes en face de logements familiaux, bourgeois, avec un étage de chambres de bonne d'où l'on a une vue imprenable sur Paris et ses principaux monuments.

Plusieurs centaines de personnes occupent la cour, dans un froid intense, pendant que commence à coups de massue le démurage des appartements. L'ambiance est à la fête. Un Père Noël, sorti de je ne sais où, fait son apparition, à la grande joie des enfants.

L'abbé Pierre suit les événements depuis sa retraite d'Esteville. Le vieil homme, soudain inquiet – « Ça va mal tourner » –, décide de venir nous rejoindre sur place.

À l'arrivée, il faut lui frayer un chemin à travers les rangs serrés des journalistes et des sympathisants. Nous progressons lentement, dans une cohue indescriptible.

Un conseil comprenant l'abbé Pierre, Jean-Baptiste Eyraud, Jean-Jacques de Félice, Jean-Claude Amara et moi-même, est réuni dans la grande salle du rez-de-chaussée, sous la protection du service d'ordre. L'abbé Pierre téléphone rue de Varenne, mais n'arrive pas à obtenir l'Hôtel Matignon. « Eh bien, allons-y, c'est à deux pas ! »

Édouard Balladur, qui est resté présent toute la journée dans ses bureaux, s'attendant à être interpellé, accepte de recevoir l'abbé Pierre et la délégation qui l'accompagne.

Jean-Baptiste rapporte de bonnes nouvelles : il n'y aura pas d'intervention de la police, le chef du gouvernement s'y est engagé. Jean-Claude Amara s'effondre, victime d'une crise de paludisme qui couvait depuis plusieurs jours. Sa forte nature lui a permis de tenir le coup jusqu'à la réussite de l'action dont il a été le principal artisan, puis il s'est écroulé, mais avec la satisfaction du devoir accompli, et rassuré sur le sort des occupants.

Le Premier ministre, en revanche, s'est montré beaucoup plus réservé sur l'association Droits Devant !, lancée le jour même, pour l'avancée de tous les droits existants, et la création de droits nouveaux. À l'évidence, Édouard Balladur n'est pas un adepte fervent de la création de droits. Il est vrai que le mot *droit* est inquiétant pour l'homme de pouvoir : droits du citoyen est souvent synonyme de devoirs pour l'État. Droits pour les pauvres égale ennuis pour les riches.

Nous prenons possession des lieux. Une petite fille fait une crise d'appendicite aiguë, et le Professeur Schwartzenberg est appelé à son chevet. Les jeunes militants s'en donnent à cœur joie à finir de démurer. Je les regarde faire. C'est le genre d'exercice que je ne peux plus trop me permettre, mais quel bonheur pour eux que de détruire à grands coups de masse les murs de la honte. Tout devient facile dès lors qu'on se met en groupe. Nous avons conscience de représenter une vraie force. Nous sentons la sympathie de l'opinion. Elle donne des ailes aux jeunes militants qui ne sentent même plus la rudesse et la fatigue de l'effort. « Ce mur murant Paris rend Paris murmurant. » [11]

Tous les journaux télévisés ouvrent sur l'événement. La presse du lendemain relate à pleines pages le récit de la journée. Les occupants ne savent plus à quel saint se vouer tellement ils sont sollicités à témoigner pour les journalistes. Les hommes politiques réagissent. L'impact est énorme. *Libération* titre « *Les sans-logis squattent la Présidentielle.* » Le ton est donné. Le lendemain, Jacques Chirac annonce depuis son avion la réquisition de plusieurs immeubles vides dans Paris.

Cent cinquante maires de France signent une déclaration où ils s'engagent à utiliser leur droit de réquisition. La Bourse réagit aussi : le Matif perd cent vingt points. À Wall Street, un clignotant rouge s'affiche sur les écrans en face de notre adresse, 7, rue

11. En 1785 est construit le mur des fermiers généraux, barrière qui sert uniquement à mieux percevoir les taxes sur les marchandises entrant dans Paris, et à éviter la contrebande. Le nouveau mur mécontente fort les Parisiens, désormais au nombre de 500 000 : « Le mur murant Paris rend Paris murmurant. »

du Dragon. Même Édouard Balladur se fend d'une déclaration : « Lorsqu'un maire veut réquisitionner, bien entendu le préfet doit faciliter les choses. »

Marie-France, Babette et Denise sont chargées de la répartition des logements. Comme de juste, tout le monde veut habiter au même endroit, ce serait trop simple autrement. Mais nous avons un système de priorités simple, d'après la composition des familles. À chacun selon ses besoins, et les trois militantes ne dérogent pas à la règle.

Les célibataires du CdSL sont installés dans les chambres de bonnes du sixième étage. Ils sont logés petit, mais la vue est si belle sur les toits de Paris. On ne peut pas tout avoir. Farid et sa compagne s'installent dans un studio, avec cheminée. Beaucoup n'ont jamais eu de logement à eux. D'autres en ont eu un, mais il y a longtemps.

Le cours Désir est envahi lui aussi. Les chambres sont plus grandes, mais il y aura plus de travail de nettoyage. Toutes les salles sont encombrées. Je me promène avec un peu de nostalgie au milieu de tous ces souvenirs d'enfants : vieux cahiers jaunis, jouets, exercices d'écriture ou de calculs appliqués, carnets de notes aux amusantes appréciations. L'ancienne directrice vient nous rendre visite. Elle est heureuse de la nouvelle jeunesse de son école. Elle non plus n'est pas enchantée par le projet de la COGEDIM.

La nuit est tombée. Une petite équipe de volontaires monte la garde. Le calme est revenu sur la maison. Les journalistes sont partis rédiger leurs articles, les images du jour sont dans les rédactions. Nous sommes entre nous. Jacques Gaillot reste sur place. Nous avons bien la promesse de ne pas être expulsés, mais on ne sait jamais. Mourad, guidé par *France-Info*, nous a rejoints. J'ai plaisir à le retrouver pour partager ces instants extraordinaires avec lui. Les habitants du quartier viennent aux nouvelles. Lionel Jospin et sa femme passent dans la rue. Par hasard ? Des militants le conspuent. Je trouve cela bête.

Réveil difficile au matin. Petites silhouettes ensommeillées, nous émergeons d'une nuit inconfortable. L'équipe de vigiles improvisée prend notre place pour un repos bien mérité, après avoir veillé toute la nuit sur la sécurité de chacun. Un petit déjeuner, ou plutôt ce qui y ressemble, est préparé dans la grande salle du rez-de-chaussée.

Et déjà les journalistes ! Décidément, ça n'arrête pas. Je suis le seul responsable présent sur les lieux. Il me faut donner plusieurs interviews. J'ai plaisir à dire quelques mots à RFO pour les territoires et départements d'outre-mer.

Une table est installée sur le trottoir, sur laquelle repose une jolie maisonnette jaune et rouge bricolée par Michel, un militant. Une fente est percée sur le toit pour glisser les dons. Ceux-ci commencent à affluer. Des élégantes de Saint Germain-des-Prés déposent de gros chèques. D'autres des quartiers moins favorisés, un petit billet, ou même une pièce. Les dons en nature commencent à arriver eux aussi : un camion de convecteurs, venu d'on ne sait où, demande à stationner et à décharger. Agnès B. fait un chèque pour payer les réparations de la chaudière. Celui de Guy Bedos arrive par coursier, discrètement, sans tambours ni trompettes.

Je lance par communiqué un appel pour organiser une belle fête de Noël pour les enfants de la rue du Dragon. C'est un succès. Les cadeaux affluent de toute part : jouets, petits meubles, matériel scolaire, de dessin, vêtements de chez Agnès B., et… un plein camion de chocolat. Il y en a même pour les grands : cigarettes, appareils ménagers, un gros stock de manteaux neufs. À quarante ans d'intervalle, c'est de nouveau l'insurrection de la solidarité.

Les jeunes du CdSL aident à mettre en place un immense sapin. Les *Zen Copyright*, groupe d'artistes, se chargent de la décoration de la cour, avec de délirantes installations.

La fête regroupe tous nos fidèles soutiens. Pour beaucoup de gars et de filles du CdSL, c'est leur premier Noël en famille de longue date. Ils sont heureux de la joie des enfants, et s'émerveillent autant qu'eux, sinon plus. Chacun a son cadeau. Je reçois un livre. Rien ne pouvait me faire plus plaisir. Notre beau sapin fait la Une des journaux.

14

Justice pour les jeunes

Un jeune SDF a été victime de sévices de la part des vigiles de la RATP à la station Tolbiac. Quelque temps auparavant, déjà, un homme âgé, venu se mettre au chaud, avait subi un passage à tabac, et avait dû être hospitalisé. C'en est trop. Il faut faire quelque chose. Les militants se répartissent les couloirs du métro, à la pêche aux témoignages. En quelques jours, une bonne trentaine de témoignages écrits sont récoltés. Le dossier est lourd. Les exactions des vigiles souvent graves. Nous décidons d'en appeler à l'opinion publique. Le principe d'une conférence de presse dans le métro est arrêté.

Les vigiles de la RATP sont jeunes, athlétiques, et volontiers provocants. Ils se baladent en bandes dans les stations. Leurs cibles privilégiées : les jeunes des banlieues, d'avance soupçonnés de voyager sans titre de transport, et de faire les portefeuilles ; les SDF et les immigrés. Comme c'est original ! Un employé chargé de l'entretien de leurs vestiaires nous donne d'édifiants renseignements : recrutés dans les salles de sport, leur bêtise n'a d'égale que leur brutalité. Préparés par un vague stage, ils sont ensuite lâchés dans le métro. Qu'ils se défoulent en cassant leurs vestiaires, comme cela nous a été rapporté, passe encore (quoique !) mais le problème, c'est qu'ils s'en prennent aussi aux voyageurs.

Je prépare un communiqué aux associations et syndicats. Le jour de la conférence, nous nous dirigeons, un peu inquiets, vers la place d'Italie. Notre appel aura-t-il été entendu ?

Nous installons la table et les banderoles en plein milieu de la station. Tout le monde est bien au rendez-vous. La CGT-RATP a envoyé une délégation. La CFTC aussi, mais pour défendre les cogneurs. C'est le rôle des syndicats que de défendre les travailleurs, mais quand même.

AC !, la FASTI et le MRAP sont venus. Mouloud Aounit est accompagné d'un professeur immigré qui témoigne. La semaine, costume et cravate, pour se rendre à son travail, jamais de problème. Le dimanche, tenue décontractée, non rasé, il est souvent ennuyé. Maurice Rajsfus, de *l'Observatoire des Libertés Publiques*, et Alexis Viollet, un militant LCR très engagé dans la lutte antiraciste, sont présents. Ils ont prévu de reprendre tous les témoignages dans le prochain numéro du petit bulletin *Que fait la police ?*

L'impact médiatique est important. Les journaux font la part belle aux témoignages des victimes. Le responsable de la sécurité du métro nie tout en bloc. On ne s'attendait pas à mieux, mais il aurait pu au moins entamer le dialogue, plutôt que de nous traiter par le mépris.

D'autant plus que régulièrement nous reviennent aux oreilles de nouveaux récits des brutalités de ces messieurs.

J'ai acheté des journaux place d'Italie, afin de lire les articles relatifs à la conférence de presse. Et, pris par ma lecture, je suis tombé et me suis fracturé le bras. Je suis bon pour plusieurs semaines de plâtre.

13 janvier 1995, Jean-Claude Amara me téléphone : Rome a viré Jacques Gaillot de son diocèse d'Évreux. La décision lui a été sèchement signifiée lors d'une convocation au Vatican. Les autorités ecclésiastiques ont avancé le motif de sa participation à certaines émissions télévisées qui auraient choqué les âmes bien-

pensantes. Mais nous ne sommes pas dupes : ce sont bien ses coups de gueule contre l'exclusion qui lui sont reprochés. Cela ne fait rien, il aura plus de temps pour nous.

« Ce serait bien qu'il nous soutienne, nous les jeunes de la rue. On n'a pas droit au RMI [12], on est dehors. On n'a rien. »

L'idée d'une action-jeunes est lancée. Ils se sont mis à fréquenter en nombre la permanence, et trouver des solutions correctes pour eux relève de l'exploit.

J'appelle Jacques Gaillot pour une lettre de soutien. « Pourquoi une lettre ? Je serai là. »

Le but de l'action est double. Nous travaillons souvent à deux niveaux. Tout d'abord, obtenir une aide d'urgence immédiate pour les jeunes du CdSL, et ensuite faire avancer l'idée d'une allocation pour tout le monde, ou de l'extension du RMI aux 18/25 ans.

La cible est vite trouvée, et comme d'habitude tenue secrète. Les Renseignements généraux, abonnés à l'AFP, reçoivent nos communiqués et sont de tous nos rendez-vous. Ce sera un Bureau d'aide sociale de la ville de Paris (BAS).

Nous optons pour le BAS du XIVe arrondissement : en métro, c'est direct depuis Saint-Germain-des-Prés. Notre arrivée ne passe pas inaperçue. Des journalistes ont suivi depuis le départ, d'autres nous rejoignent sur les lieux de l'occupation. Il y a quatre jours seulement que Rome a pris la décision de retirer son diocèse à Jacques Gaillot, et sa présence à nos côtés crée l'événement.

« Alors Monseigneur, toujours sur la brèche ? »

Les jeunes apportent leur témoignage. Le hall du BAS, minuscule, est complètement envahi. Le personnel, mi-amusé, mi-affolé, observe la bousculade.

Je demande l'ouverture de négociations, après avoir lancé sur les radios un appel pour les jeunes chômeurs et SDF de France,

12. Le RMI est une allocation qui n'est attribuée qu'aux personnes âgées d'au moins 25 ans.

et le droit au RMI. La Directrice générale est contactée. Nos exigences surprennent. Ce ne sont plus des jeunes en position de demandeurs que les services sociaux ont devant eux, mais des jeunes regroupés pour faire valoir leurs droits, et même un peu plus. Ils ne tendent pas la main. Ils relèvent la tête.

Le restaurant contigu au BAS est plein à craquer. Les journalistes sont partis se restaurer. La générosité de Jacques et des militants un peu plus aisés permet aux jeunes de faire un bon repas.

En fin d'après midi, la ville de Paris débloque les aides d'urgence. Chacun reçoit une somme d'argent. La disparité des montants me surprend. Je suis choqué de constater combien les pouvoirs publics traitent inégalement des situations sociales qui en fait sont les mêmes. L'injustice est entretenue jusque dans l'aide sociale. Il faut le faire !

Les jeunes ont remporté la première manche. Ils sont heureux de se sentir fort ensemble. Un copain sans-papiers n'est pas sur la liste des bénéficiaires. Ils se cotisent pour lui donner quelque chose. Ils ont plus le sens de l'égalité que les services sociaux de la ville de Paris.

Jacques est entouré et congratulé. Ils lui demandent son aide pour la poursuite de leur action. Ils veulent continuer la lutte pour obtenir un véritable suivi social, avec des ressources régulières, des propositions d'emploi et de logement. La bagarre va être encore longue, et Jacques est de bien de combats. Lui aussi est victime d'une injustice.

15

La haine du Front national

1er mai. Le Front national a organisé son défilé de Saint-Germain-des-Prés à la statue de Jeanne d'Arc, rue de Rivoli. La place est sous nos fenêtres, et les amis de la rue de Rennes ont vue plongeante sur les préparatifs de la manifestation fasciste. Ceux qui logent rue du Dragon sont à un jet de pierre de la tête du cortège.

En tête, une jeune fille à cheval, en Jeanne d'Arc. La manifestation est encadrée par le DPS (le service d'ordre du Front national) : blazer bleu marine, cheveux ras, micro-cravate.

Soutanes et godillots, uniformes, scouts d'Europe en short, l'extrême droite se pavane. Les skinheads sont là eux aussi, pas vraiment inquiétés par le service d'ordre.

Jeanne d'Arc caparaçonnée en tête, le cortège passe devant la rue du Dragon. Des slogans à relents racistes fusent des rangs des manifestants. La police a pris position à l'entrée de la rue, séparant notre immeuble du défilé lepéniste. J'en demande la raison à l'officier.

« Pour vous protéger », me répond-il, plutôt gentiment.

Nous apprendrons dans la soirée que Brahim Bouaram, jeune Marocain en promenade sur les berges de la Seine, a été poussé à l'eau par les skins. Le fleuve est en crue, le courant violent.

Brahim ne sortira pas vivant du piège affreux. Les eaux se sont refermées sur lui à jamais.

Nous nous joignons à l'énorme manifestation qui remonte du Carrousel à l'Opéra. La compagne de Brahim est venue trouver Jacques Gaillot rue du Dragon. Un service religieux, présidé par le Docteur Larbi Kechat, recteur de la mosquée de la rue de Tanger, et Jacques, est organisé dans la salle de réunion des familles. Musulmans, chrétiens et non-croyants de la rue du Dragon sont unis dans la stupeur et la peine. Et la colère.

Au CdSL, nous sommes renforcés dans notre détermination à lutter contre le Front national, à être présents sur le terrain antifasciste, d'autant plus que nous avons appris que le DPS n'hésite pas à recruter dans les foyers d'hébergement. Oui, nous serons de tous les combats contre la peste brune et ses idées nauséabondes.

Nous n'aurons pas longtemps à attendre. Un certain pasteur Blanchard (que la Fédération Protestante ne retrouvera pas sur ses listes) organise une soupe populaire à la gare Saint-Lazare, inaugurée par Martine Lehideux, et distribuée aux pauvres sous la protection du DPS. En signe de protestation, nous occupons pendant plusieurs heures un train en partance pour le Havre, avec l'ensemble du mouvement social et le syndicat SUD-Rail.

16

Les arrêtés anti-mendicité

En juillet 1995, Michel Crépeau, maire de la Rochelle, se distingue de singulière façon en prenant un arrêté anti-mendicité. Haut-lieu touristique et fief des Francofolies, l'exemple de la vieille cité portuaire est vite suivi. C'est une avalanche d'arrêtés qui s'abat sur les sans-abri qui aimaient se rendre de festival en festival en été, pour chercher un peu de chaleur, climatique et humaine. La fermeture des foyers en agglomération les contraint en cette saison à prendre la route pour chercher dans les villes touristiques des moyens de subsistance. Certains sont devenus d'habiles bateleurs et participent aux animations estivales par des spectacles de qualité. Mais les Crépeau et consorts n'en ont cure : finie la manche, et haro sur le bouc émissaire. Avignon, Pau, Toulouse, Valence, Angoulême, Périgueux, Carpentras, Carcassonne ont déclaré la guerre aux sans-abri.

La polémique s'étend par presse interposée. Xavier Emmanuelli, secrétaire d'État à l'Action humanitaire d'urgence, charge Danielle Huèges, de la Halte des amis de la rue, d'une mission de médiation qu'elle prend à cœur, sillonnant les routes de France, rencontrant petits et grands.

Surcouf, petit bonhomme tatoué, cheveux à l'iroquoise, un vétéran de la rue, nous contacte, ainsi que Droits devant. Je le rejoins à Lorient où la municipalité, avec la complicité de la police locale, multiplie les tracasseries envers les sans-abri. Les persécutions prennent des formes diverses et variées, depuis la confiscation des jumbés, les contrôles inutiles, les provocations, et jusqu'à l'arrosage des pelouses pour empêcher les gars de s'allonger.

Tracts et pétitions commencent à circuler. Surcouf appelle à un rassemblement à la mairie. Les élus restent claquemurés dans leurs bureaux, et nous avons le plus grand mal à imposer une délégation.

J'ai plaisir à me battre aux côtés de Surcouf et de ses amis. Certains sont en piteux état physique. La misère et l'alcool ont fait leur sale boulot. J'aime ce sursaut chez des gens qui n'ont pas l'habitude de lutter. Ils prennent conscience de représenter une force, ensemble. Ils se rendent compte qu'une partie au moins de l'opinion publique soutient leur combat.

Surcouf est efficace et développe de réelles qualités d'organisateur du mouvement. Je le conseille, mais choisis de rester discret pour le laisser occuper le devant de la scène. Je pense que c'est mieux ainsi.

Le soir, couché à même le sol sur la digue, enveloppé dans mon sac de couchage de la Fondation Setton [13], je revis les événements de la journée, et je m'endors très tard, les sens tenus en éveil par le vivifiant air marin.

Parallèlement, François Breteau attaque sur le terrain juridique et demande l'annulation de chaque arrêté aux tribunaux administratifs. Toutes les requêtes sont faites au nom de Surcouf. C'est la *surcoufisation* des ripostes, et ce, dans toutes les villes reconnues coupables d'un décret d'exclusion des sans-abri.

« La nuit des allongés » est organisée à La Rochelle par le DAL, le CdSL et Droits devant, à l'occasion des Francofolies, rebaptisées Crépeaufolies pour la circonstance. Il s'agit tout simplement de faire, en groupe et en manifestation, tout ce qui est

13. Madame Lili Setton dirige une fondation qui s'occupe de distribuer, par l'intermédiaire des associations, des sacs de couchage aux SDF.

interdit : s'allonger, flâner avec son chien, faire la manche. Je me fais une petite manche bien sympa. Les temps sont durs.

L'épisode des arrêtés prend un aspect parfois cocasse. À Carcassonne, les policiers font du zèle et verbalisent toutes les mémères à chien-chien : « Mais, chef, c'est le maire qui l'a dit. »

Il faudra encore se battre l'année suivante contre ces arrêtés injustes, discriminatoires, qui ouvrent la porte à l'apartheid social.

17

Réapprendre la vie

La vie s'est organisée rue du Dragon. Plusieurs associations se sont installées dans l'ancien cours Désir. Non sans mal. La préfecture de police, revenant sur ses engagements, a essayé de bloquer l'inauguration des locaux. Mémorables journées. Contournant le blocus policier, les rassemblements, de parfois plusieurs milliers de personnes, tenaient toute une contre-allée du boulevard Saint-Germain.

Le CdSL ne peut gagner les locaux qui lui sont attribués. « Eh bien, tant pis. Nous tiendrons permanence à la Brasserie Lipp ! »

Coup de talkie en préfecture par les RG et, le lendemain, c'est un cordon policier qui empêche Denise et quelques militants de prendre leurs pénates dans le digne établissement. Le tout-Paris peut manger tranquille. La police veille.

Finalement, quelques rassemblements sont autorisés place Saint-Germain, et puis nous passons outre. Les CRS ne vont pas rester éternellement plantés rue du Dragon. Nous recevons du monde, autorisation ou pas.

Les difficultés ne manquent pas. Des bagarres éclatent souvent, pour un oui, pour un non. Le bel angélisme sur la fraternité de la rue, c'est de la littérature. La rue déshumanise. La rue appauvrit humainement, intellectuellement, moralement. Elle rend égoïste et agressif. Ce qui est défait dans la tête et dans le cœur n'est pas restauré du jour au lendemain.

Il nous faut assurer l'accueil des sans-abri qui affluent. Tout le monde a entendu parler de la rue du Dragon. Rien que le nom entretient l'imaginaire. Mais la réalité de tous les jours, c'est souvent gérer les conflits, écouter les plaintes, redonner courage. J'essaie d'être disponible à chacun.

Nous avons emménagé dans une ancienne salle de classe, aux larges baies vitrées donnant sur la cour qui, après avoir vu les jeux des petits bourgeois de Saint-Germain, voit maintenant ceux des petits prolos mal-logés. Dans un angle, le bureau de Denise, le mien juste en face. La pièce est souvent sens dessus dessous. Activité débordante, ou état d'esprit désordonné et brouillon. Nous ne réussirons jamais à ce que nos permanences ressemblent à des « bureaux ». C'est à mi-chemin entre le local militant, la cantine populaire, la consigne, la salle d'attente et, parfois, le dortoir.

Notre domiciliation administrative est très demandée. Document précieux s'il en est, à l'heure où peu d'associations acceptent de les établir et où celles qui existent sont sévèrement réglementées. Elle permet l'inscription au fichier des mal-logés et l'obtention du numéro de demandeur HLM. Autre élément précieux dans la course d'obstacles : il a fallu que nous nous bagarrions ferme pour que les sans-abri aient le droit de s'inscrire comme demandeurs de logement.

Il faut monter un dossier, autre handicap pour plus d'un. Il faut aussi entrer dans une dynamique collective et accepter de participer à des actions de rue, ce qui n'est pas non plus évident pour tout le monde. Donner aux sans-abri le désir de se regrouper, de préparer ensemble des manifestations, d'être persévérant jusqu'à la satisfaction des revendications n'est pas chose aisée. Il faut aux militants cent fois remettre l'ouvrage sur le métier. Il me faut expliquer et convaincre, c'est-à-dire répéter dix, vingt fois la même chose. Mais cet effort porte ses fruits et, insensiblement, le noyau s'élargit. Des jeunes surtout prennent des responsabilités.

J'ai quitté la rue Gérard et j'ai installé mon lit dans la permanence. Il y a grand besoin de renfort rue du Dragon. La décoration est de bric et de broc, mais l'ensemble sympathique. Lorsque la facture de téléphone arrive, elle est payée par le DAL, ou par Jacques Gaillot. Les assemblées générales du samedi drainent beaucoup de monde. Plus de cent personnes sont présentes régulièrement. Certains doivent rester debout dans le couloir, les autres sont assis par terre, et les débats sont animés.

Il n'est pas rare qu'au sortir d'une AG, tous les participants se retrouvent pour une action. Gare au directeur de foyer qui aurait expulsé un résident, il peut être sûr que nous n'hésiterons pas à le réinstaller en groupe dans son logement. De nouvelles figures émergent dans l'action : Christian, Hélène, Jérôme, Bruno, d'autres encore.

Il faut parfois savoir apporter une aide directe. Il n'est pas possible de placer celui qui a faim et froid d'emblée dans une démarche revendicative. La recherche de lieux d'hébergement nous prend beaucoup de temps, mais c'est un travail que nous avons à cœur : pas question de laisser dormir dehors celui qui pousse notre porte.

Les loisirs et la culture ne sont pas oubliés. Dominique démarche les théâtres au téléphone, et obtient des invitations. Les directeurs de salle savent répondre présents. J'irai régulièrement au théâtre pendant l'année de la rue du Dragon. Dominique, vrai passionné, y va tous les soirs. Je lui fait remarquer que même quelqu'un de très riche ne pourrait pas se le permettre. Cela fait plaisir de voir des gars et des filles de la rue, qui n'y auraient même pas songé, prendre une place de théâtre, s'y rendre, et, enchantés, nous raconter la pièce le lendemain. Nous essayons, les uns et les autres, de rendre vivante la devise du Comité des sans-logis : « *Jamais seul pour s'en sortir.* »

Dans l'accueil et l'amitié de chacun, et dans la dynamique et la force du groupe.

18

George-Sand

Quelques jeunes du foyer George-Sand sont venus nous voir. George-Sand, c'est le foyer pour garçons de la ville de Paris. Leurs désirs et leurs revendications sont imprécises, mais leur volonté de bouger fait plaisir à voir. Issus de l'immigration et des banlieues pour la plupart, les parents, sans les rejeter totalement, leur ont fait comprendre qu'il leur fallait se débrouiller seuls. L'argent manque dans les ménages ouvriers, et le chômage est passé par là. Comment les aider ?

Nous nous attaquons d'abord à une plate-forme revendicative. Les désirs sont imprécis, les demandes trop limitées, trop sages.

« Les jeunes, vous faites fausse route. Demander l'amélioration des conditions de vie du foyer, ce n'est pas mal en soi. Mais n'oubliez pas que le foyer, c'est du temporaire. Pour vous lancer dans la vie, il faut demander un vrai logement, un emploi et des ressources pour attendre la première paie. Pas plus, mais surtout pas moins. »

Rien ne sert de reculer pour mieux sauter, il vaut mieux donner un grand coup de poing sur la table, et lancer un gros pavé dans la mare.

L'occupation du foyer est décidée. Je conseille aux jeunes de tabler sur l'effet de surprise :

« Allez-y franco, et pas par étapes, d'un seul coup. »

Le CdSL sera à l'intérieur et occupera les locaux avec les jeunes. Une banderole est déployée sur la façade de l'immeuble : *« Jeunes en colère. Marre de la galère. »*

Les employés sont priés de quitter les lieux. Nous empêchons le directeur de rentrer. Les jeunes se montrent fermes et ne s'en laissent pas conter. Nul besoin de les pousser, il faut plutôt parfois les appeler au calme. Quand les digues cèdent, la peur change de camp. C'est justice, mais l'important, c'est que les revendications soient satisfaites, pas de casser la baraque. Je rappelle le caractère non-violent des actions que nous initions ou soutenons. Surtout, j'explique pourquoi de la non-violence d'une action dépend sa réussite ou son échec. La violence est de l'autre côté, et doit y rester. La violence, c'est de laisser les jeunes crever dans des structures comme celles-ci. La violence, c'est de les entasser dans des dortoirs vaguement séparés en box. La violence, c'est de les brider, c'est de contenir leurs jeunes forces, leur soif de vivre et de grandir, d'aller de l'avant, de croquer la vie à pleines dents. La violence, c'est leur imposer des horaires idiots, sans aucun rapport avec les rythmes de ces jeunes. La violence, c'est faire fi de leurs besoins, de leurs aspirations, de leurs rêves. Non, cette violence-là ne peut pas être de notre côté. Elle est l'apanage et l'essence des oppresseurs, et de ceux qui les servent.

On peut opprimer en croyant aider, même sincèrement.

Les soutiens commencent à se manifester. Léon Schwartzenberg écrit au Premier ministre.

Il faut faire face à des problèmes d'intendance. La ville de Paris a carrément coupé les vivres. Les repas ne sont plus livrés. Un tract traitant d'affameurs les responsables du centre d'action sociale est diffusé largement. Le résultat ne se fait pas attendre : la ville de Paris débloque les fonds nécessaires pour nourrir les jeunes, en tickets-service. Denise confectionne d'énormes salades. Les repas du soir représentent le moment le plus convivial de la journée. Les gars ont un appétit d'ogre.

Des badges sont confectionnés par Droits devant, avec le sigle « *action-jeunes* » qui a été choisi comme bannière pour cette lutte. Les journaux rendent compte presque quotidiennement de l'évolution de l'occupation.

La réponse d'Alain Juppé parvient au bout d'une semaine. Il détache M. Moreau, délégué interministériel à l'insertion des jeunes, pour rencontrer les gars de George-Sand et entame les négociations. De toutes façons, les propositions du gouvernement sont d'emblée satisfaisantes. Chacun aura un logement, une proposition d'embauche directe ou de stage de formation et bénéficiera de subsides pour attendre la première paie.

Trois jours sont nécessaires aux travailleurs sociaux pour recevoir tous les jeunes, discuter avec eux, faire les bilans sociaux et les bilans de santé. Plusieurs ont d'urgents besoins de soins médicaux, d'autres, encore plus nombreux de soins dentaires. Suivant leur choix, des jeunes se voient proposer directement un HLM, ou un foyer de jeunes travailleurs.

Quelques-uns vont rejoindre le chantier du Grand stade, mais la plupart optent pour des stages de formation. Ils ont envie d'apprendre un métier. Mais pourquoi n'a-t-on pas proposé cela plus tôt à ces garçons ? Pourquoi a-t-il fallu attendre leur révolte ? La victoire des jeunes est claironnée aux journaux télévisés, sur les ondes et dans la presse écrite.

C'est réellement une réussite puisque pour la première fois, en sus du logement, l'ensemble de ce qui est nécessaire à la réinsertion est proposé, suite à une lutte. C'est une première.

Je vois régulièrement Samir, un ancien de la lutte de George-Sand qui n'a pas pu garder son logement. Il vend *l'Itinérant* à la gare de Lyon. Mais le souvenir de la lutte est toujours vivant en lui. Elle a été une étape décisive dans sa vie, et il est bien qu'il l'ait vécue. J'espère de tout cœur qu'il aura d'autres occasions, que la chance lui sourira de nouveau.

J'ai aussi parfois des nouvelles de ceux qui ont réussi à garder leur logement, ont consolidé leur démarche professionnelle, se sont mariés pour certains et ont eu des enfants. C'est si bon de les revoir. Rien de tel pour retrouver le courage nécessaire à la poursuite de l'action.

19

Une campagne de lettres pour Mourad

Mourad n'a toujours pas de papiers. Depuis dix-huit mois, il est de toutes les actions. Difficile de l'empêcher de participer. Il a le virus. Alors nous laissons faire, comptant sur son flair du danger, et sur la chance. Les services des Renseignements généraux le connaissent bien à présent. Mieux, il est de toutes les délégations, et reconnu comme interlocuteur par les pouvoirs publics. Étrange logique que celle qui consiste à reconnaître quelqu'un en tant que militant et à le laisser végéter sans papiers. La main droite de l'administration veut ignorer ce que fait sa main gauche et vice-versa. Belle hypocrisie !

Je souffre de cette situation. Voir mon ami les ailes rognées par des règlements stupides est un tourment de chaque instant. Je me mets à sa place. Si j'en souffre, alors, lui, quel malaise doit-il éprouver ?

Mourad a contacté l'abbé Pierre par l'intermédiaire d'une amie. Ils ont fait connaissance au cours d'un après-midi passé ensemble à Esteville. L'abbé Pierre a rédigé une lettre au Premier ministre. Nous le recontactons, et il écrit de nouveau, arguant de l'intégration réussie de notre ami. Ne participe-t-il pas au devoir de solidarité nationale pour le logement des plus démunis, défini à l'article 1er de la loi Besson [14] ?

14. L'article 1er de la loi Besson pour le logement des personnes défavorisées du 31 mai 1990 dispose que : « Garantir le droit au logement constitue un devoir de solidarité pour l'ensemble de la nation (...). »

Je lance l'idée d'une campagne de lettres à faire signer sur tous les rassemblements et manifestations. Certains ont à cœur de faire un courrier personnalisé, d'autres utilisent une lettre type. Et nous inondons l'Éysée et la place Beauvau de centaines, puis de milliers de lettres demandant la régularisation de Mourad. Chaque soir, dix, vingt, trente enveloppes sont glissées dans la boîte aux lettres. Au moment de les poster, mon cœur s'emplit d'espoir.

L'Élysée a une curieuse façon de traiter le courrier. C'est fait très sérieusement, mais de manière peu rationnelle. Chaque lettre adressée au président de la République est expédiée en recommandé, et ceci gratuitement. Elle doit traditionnellement faire l'objet d'une réponse. Le service courrier de l'Élysée, au lieu d'ouvrir un dossier au nom de Mourad, et d'y glisser toutes les missives, fait le contraire. Un dossier est ouvert au nom de chaque personne ayant écrit. Ce qui fait que des centaines de dossiers s'empilent, avec tous le même objet : les papiers de Mourad. Pourquoi faire simple quand on peut faire compliqué ? Il faut bien occuper les fonctionnaires.

Le 17 octobre, journée mondiale du refus de la misère organisée par Atd Quart Monde. Au cours de mon intervention, esplanade du Trocadéro, j'enfonce le clou, et rappelle que Mourad n'a toujours pas obtenu ses papiers. Jean-Baptiste Eyraud demande aussi sa régularisation à l'occasion d'une émission télévisée. André Lacroix, d'Emmaüs, donne un sérieux coup de pouce au dossier en faisant une promesse d'embauche. Jacques, militant passionné d'informatique, lance la pétition sur Internet. Quarante religieuses d'un couvent de Manchester écrivent au président de la République.

Lorsque l'abbé Pierre donne un coup de fil au préfet de Police, c'est gagné : Mourad obtient sa carte de séjour. Il travaillera à mitemps dans un foyer d'hébergement Emmaüs et, bien sûr, continuera à militer au Comité des sans-logis où il a pris des responsabilités.

20
La sclérose des vieilles institutions

L'Armée du Salut est une très vieille dame.

Fondée à la fin du XIXe siècle dans les banlieues ouvrières de Londres, dans un esprit évangélique, elle s'est étendue au monde entier pour devenir ce que d'aucuns n'hésitent pas à appeler une multinationale. Elle est plutôt mal vue par l'ensemble du mouvement caritatif. Sa propension à se tailler la part du lion dans les négociations avec les pouvoirs publics y est certainement pour quelque chose. Dans ses centres d'hébergements règne une rigueur quasi militaire. Ces messieurs-dames sont « règlement-règlement ». Dans ses hôtels sociaux, pas question de faire monter son petit copain ou sa petite copine : le cerbère posté à l'entrée s'est fait gardien des mœurs.

Régulièrement, des sans-logis viennent nous rendre compte des méthodes de ce parangon de vertu. Un exemple, parmi d'autres : dans une résidence de l'Armée du Salut, l'usage était de demander aux hébergés un pourcentage de leur salaire, comme participation aux frais. Pourquoi pas ? La gratuité totale n'est pas toujours bonne chose, et tout a un prix. Le hic, c'est qu'un de leurs hébergés ayant trouvé un bon contrat temporaire à l'étranger, revient à Paris avec une somme bien rondelette. Il avait gardé sa chambre à l'Armée du Salut et voilà que celle-ci lui calcule au centime près sa redevance. Le pauvre garçon, recevant l'addition, a l'impression d'avoir loué une chambre au George-V. Ces messieurs ne reviendront à de plus justes sentiments qu'après d'âpres négociations au téléphone.

Comment s'étonner que dans la rue, l'Armée du Salut soit surnommée l'Arnaque ? J'ai souvent l'occasion de m'entretenir avec des responsables salutistes : la conversation tourne presque toujours, et très vite, aux questions d'argent. C'est effarant !

Une assistante sociale, sous couvert de l'anonymat, nous prévient que l'hôtel social de l'Armée du Salut, dans le XXe arrondissement, comporte de nombreuses chambres vides. En revanche, il abrite les locaux de l'administration, et, paraît-il, des logements pour les salutistes. « Ah, parce qu'en plus, ils gardent des logements vides ! »

Les jeunes du Comité n'en croient pas leurs oreilles. Un « conseil de guerre » est réuni. La plupart sont pour y aller franco. Je suis plus réservé. Finalement, je me rallie à l'avis de la majorité. Va donc pour l'occupation de l'Armée du Salut.

Ils le prendront de haut. Mégotant sur tout, plutôt arrogants, les responsables de l'Armée du Salut se font prier pour répondre à nos demandes. Il faudra l'intervention de la DASS. Nous avons pourtant prouvé nos dires : oui, il y a bien de nombreuses chambres vides dans cet hôtel. Des témoignages intérieurs et des voisins apportent de l'eau à notre moulin.

Nous, nous œuvrons à mettre les sans-abri dans une dynamique collective afin de faire valoir leurs droits. Nous *créons* du droit : il y a bien un souffle créateur dans l'action que nous voulons impulser. L'Armée du Salut se contente de les placer dans un cocon, individualisant la relation à outrance. Elle les surprotège, et, en fait, les maintient dans un statut d'assistés. Ce sont bien deux conceptions radicalement opposées, qui ne sont pas, cependant, sans jamais pouvoir se rencontrer. Je m'emploierai souvent, au cours des années qui vont suivre l'action à l'Armée du Salut, à convaincre qu'il n'est pas de points de vue qui ne puissent se rapprocher.

Cette action ne pouvait qu'être mal comprise sur le moment. Il était important de bien montrer à l'ensemble du mouvement caritatif que les sans-logis ont aussi le droit de demander des comptes à ceux qui ont pour vocation de s'occuper d'eux. J'ai toujours cru à la thérapie du coup de gueule. Il fallait le faire, une fois. Nous l'avons fait.

21

Quand les jeunes refont parler d'eux

1995 est placé sous le signe des jeunes. Les occupations des bureaux d'aide sociaux se sont multipliées. La permanence pour les jeunes SDF de la rue de Belleville, qui dépend de la ville de Paris, reçoit souvent notre visite. À tel point qu'un sas et des vigiles ont été installés à l'entrée. Drôle de façon de faire du social.

Le Centre d'action sociale de la ville de Paris n'a jamais compris notre action. Au fil des ans, la DASS intégrera mieux notre démarche. La plupart des associations caritatives prendront des contacts avec nous, cherchant un rapprochement. Le CASVP a toujours fait montre de la fermeture d'esprit la plus totale. Ils ne comprennent, au coup par coup, que le rapport de forces, puis se referment comme des huîtres jusqu'à la fois suivante.

Les jeunes du CdSL se lancent dans l'occupation des mairies, des centres d'action sociaux, du ministère de la Jeunesse et des Sports, et de toute administration censée s'occuper de la jeunesse. Tous les signaux sont au rouge. D'alarmants rapports remontent des structures de lutte contre l'exclusion : il y a de plus en plus de jeunes à la rue, ils deviendraient même majoritaires dans les foyers d'hébergement d'urgence, les accueils de jour et tous autres lieux spécialisés.

J'ai l'idée d'un rassemblement mensuel : le premier mercredi de chaque mois, à midi, place Saint-Germain-des-Prés. À l'heure où sonnent les sirènes. N'y a-t-il pas en effet état d'alerte pour la jeunesse de France ?

Les associations et syndicats suivent : AC !, SUD, les jeunes de Chiche, le groupe Cargo. Les partis politiques sont eux aussi parfois présents aux rendez-vous, en particulier les Verts et le PCF.

La permanence électorale d'Édouard Balladur est occupée. Seuls quelques jeunes peuvent pénétrer à l'intérieur, les locaux sont bien gardés par une armée de gros bras. Balladur ne comprend rien à nos revendications, et n'a même pas l'intelligence politique de nous recevoir personnellement. Ne sait-il pas que s'il y a un sujet auquel les Français sont sensibles, c'est bien les problèmes de la jeunesse ?

« Bloquez les rames !

– Dépêchez-vous, montez. Restez groupés !

– On descend où ?

– Si on te le demande, tu dis que tu ne sais pas. »

Une nouvelle fois, il faut occuper un immeuble. La rue du Dragon attire de plus en plus de monde, et nous voulons éviter les installations sauvages. Le DAL a des familles dans une situation d'urgence absolue, le CdSL des jeunes SDF de 18/25 ans. Itinéraires classiques de la galère : chômage, errance, isolement.

La compagnie Jolie Môme emmène joyeusement la manifestation :

« Exiger un toit
Cela va de soi
Un toit c'est un droit
Contre la misère
Ne pas s'laisser faire
Les spéculateurs
Et les promoteurs
Font toujours leur beurre
En avant la fronde
Pour loger tout le monde. »

Cette fois-ci, c'est un bel immeuble haussmannien du boulevard Malesherbes qui a été choisi, à deux pas de l'Élysée et du ministère de l'Intérieur.

Quand les lourds battants du beau portail massif s'ouvrent, c'est le soulagement. Flora pousse la chansonnette et entraîne tout un groupe à l'intérieur. Lambert Wilson, qui a tenu, entres autres, le rôle de l'abbé Pierre, nous soutient de sa présence, ainsi que Miou-Miou. Les applaudissements crépitent au nom du propriétaire : le GAN (pas pour le GAN, pour ceux qui le squattent). Maurice Rajfus me glisse à l'oreille : « On va se faire virer. Comment veux-tu qu'ils acceptent ça ? Pour eux, c'est une question de principes. »

Nous ne serons pas expulsés. Pas même l'ombre d'un car de police. Juste les quelques RG de service, sagement postés sur le trottoir d'en face.

L'installation commence. Comme rue du Dragon, Denise, Babette et Marie-France répartissent les logements d'après la composition des familles. Les jeunes du CdSL trouveront refuge au sixième, dans les chambres de bonnes. Je suis effaré de voir dans quelle condition la bourgeoisie de l'époque logeait ses employés de maison. Certaines chambres n'ont pas de fenêtre. Minuscules, avec un étroit puits de lumière, elles me font penser à des tombeaux. Et on y logeait des serviteurs 24 heures sur 24 au service de la famille. Nous laissons de côté ces pièces trop sordides. Elles serviront de débarras. Nous découvrons par bonheur des pièces plus vivables, aux larges fenêtres donnant sur cour.

La lutte de Malesherbes sera longue. Le relogement ne sera effectif pour l'ensemble des habitants qu'au bout de dix-huit mois. Les jeunes ne perdent pas de temps, et les actions-jeunes se poursuivent. Ils ont besoin de toutes les cartes utiles à leur insertion : logement, emploi, ressources, le fameux triptyque de base. Toutefois, lorsque viendra le moment de déménager pour l'immeuble de la rue de Crimée mis à disposition par le GAN, la plupart des jeunes auront un boulot ou un stage qualifiant. Le tout en un an et demi. Un parcours individuel aurait peut-être été plus rapide pour certains, mais la majorité serait restée sur le carreau. Seul le groupe pouvait sauver ces jeunes, et leur donner force et détermination nécessaires. Avec l'aide de Catherine Lévy et des écrivains, ils publient un livre relatant leurs parcours et leur expérience : *L'herbier des Malesherbes* [15].

Je n'ai pas pris de vacances depuis longtemps. Le besoin s'en fait sentir. Vincent Espagne, militant de Droits devant, m'invite à passer quelques jours à Montpellier, dans la maison de sa maman. Une belle demeure, simple, avec beaucoup de cachet, un côté artiste et un jardin touffu où poussent de manière plus ou moins anarchique de nombreuses essences méridionales. Balades en montagne et à la mer en perspective, le plaisir de ne rien faire et de se laisser vivre quelques jours.

Un coup de téléphone de Mourad, et patatras : mes vacances sont à l'eau, c'est le cas de le dire. George-Sand repart en lutte, un an pratiquement jour pour jour après la première occupation. Mourad, arrivé sur place à six heures du matin, n'a eu que le temps de faire libérer le gardien que les jeunes menacent de séquestrer. Et de rappeler le principe de non-violence des actions. La traditionnelle banderole est déployée sur la rue.

La ville de Paris fait le coup de force et ordonne l'expulsion des jeunes. Je saute dans le premier train pour Paris, et trouve les gars rassemblés devant la mairie du XXe arrondissement.

Les filles du foyer de la rue de Crimée ont rejoint le mouvement. Depuis quelques temps, elles essayent de sensibiliser l'opinion en faisant signer une pétition à la sortie du métro. Elles aussi ont décidé l'occupation de leur foyer. Nous sommes en pleine lutte des sans-papiers : deux foyers en lutte plus les gardes à Saint-Bernard, les militants sont à plein temps sur le terrain.

15. *L'herbier des Malesherbes*, collectif, Droits devant !! éditions, coll. « Se battre », 1995.

L'expulsion du foyer des filles ne se passe pas sans violences, au contraire de celui des garçons où tout s'est plutôt bien passé, grâce à la médiation de Mourad et à un commissaire de police intelligent. Les filles sont brutalement réprimées. Les associations de femmes, appelées à la rescousse, viennent en renfort. Maya Surduts [16] vient rencontrer les expulsées sur le trottoir. « Qu'en est-il des femmes de la rue au pays des droits de l'homme ? », demandent les filles, choquées par la violence dont elles ont été victimes.

Filles et garçons occupent le centre d'action sociale du XXe arrondissement. Au matin du deuxième jour, les employés refusent de reprendre leur poste de travail tant que durera l'occupation. Le pire, c'est que c'est le délégué du personnel CGT qui anime la contre-manifestation. Je suis sidéré.

J'essaie de le prendre à part. Refus. Tant pis pour lui, je suis obligé de l'apostropher publiquement. « Tu n'as pas honte, camarade ? Tu te rends bien compte de ce que tu es en train de faire ? Tu dresses des travailleurs contre d'autres travailleurs privés d'emploi. Ressaisis-toi ! »

Le pauvre homme a les larmes aux yeux. Je ne puis m'empêcher de compatir à son désarroi. Mais il a quand même bien cherché cette volée de bois vert.

La situation paraît sans issue. C'est Mourad qui va la débloquer. La file des habitants de l'arrondissement qui attend l'ouverture commence à s'allonger. Des signes d'impatience se font sentir. Mourad fait rentrer les gens. La salle d'attente se remplit tout d'un coup, et ce sont les employés qui se retrouvent pris entre deux feux : poursuivre leur mouvement de contre-manifestation, en prenant le risque de mécontenter les gens, qui commencent à se ranger de notre côté, contents d'avoir pu rentrer, ou reprendre le travail ? Ils reprennent le travail.

16. Militante féministe. Présidente de la CADAC.

Décidément, nous aurons tout vu, y compris une contre-manif soutenue par la CGT. Soyons justes, c'est l'exception qui confirme la règle, et nous nous retrouvons plus d'une fois, sur d'autres terrains de lutte, au coude à coude avec la CGT. D'ailleurs, le malheureux délégué se fera taper sur les doigts par son union locale.

Toujours est-il que le climat est tendu, que les négociations n'avancent pas et qu'il faut rebondir. Je réunis un mini-conseil avec les délégués des jeunes, et nous décidons d'occuper la mairie du XXe. En un clin d'œil, le CAS se vide, comme il s'était rempli. Les RG, un peu désorientés, suivent. Métro. Bousculade avec les vigiles de la ville de Paris à l'entrée de la mairie, et nous investissons la salle des mariages. C'est grand, il y a de la place pour tout le monde, et le mobilier est confortable.

La ville de Paris est ravie. Elle croit s'être débarrassée du problème au profit, si l'on peut dire, d'une mairie d'opposition. Est-ce que par hasard ils nous prendraient pour des imbéciles ?

Le but de la manœuvre est pourtant simple. Il s'agit d'aider la mairie du XXe arrondissement, un peu timorée, à prendre clairement position en faveur des jeunes, et de leur apporter un soutien solide et concret. Et de faire ensuite, avec eux, mieux pression sur l'Hôtel de ville. Mais ils auront bien le temps de s'en apercevoir. Laissons-les à leur soulagement d'un moment. Nous ne les attendrons que mieux au tournant. Le message, en revanche, est beaucoup mieux reçu à la mairie du XXe. Un communiqué annonce la décision du maire d'inviter les jeunes à s'installer sur place, dans un immense appartement situé sous les combles, utilisé parfois pour commodités personnelles par l'ancien maire Didier Bariani, prédécesseur de Michel Charzat. Finement joué.

Véronique Carion-Bastok et David Assouline, élus du XXe, sont détachés par la mairie pour suivre l'affaire. Nous demandons son soutien au conseil d'arrondissement. Nous lui proposons également d'occuper avec nous la mairie du Ve, fief électoral de Jean Tibéri.

Une banderole est déployée sur la façade de la maison commune : « *Foyers d'hébergement : Tibéri a expulsé, Tibéri doit reloger.* » Le message est simple et limpide.

Les quatre-vingts garçons et filles ont pris possession de leur domaine d'un moment. Si l'appartement est luxueux et spacieux pour une personne seule, éventuellement quelques invités, il n'en est pas de même pour une bande de jeunes SDF turbulents, toujours prêts à faire le coup de poing. Nous ne ferons pas l'économie d'un peu de casse et de quelques bagarres.

Il y a quelques ennemis jurés des actions d'occupation. La longueur du trajet séparant la dernière station de métro de la cible repérée est de ceux-là. Et il y a loin de la station Luxembourg à la place du Panthéon où se trouve la mairie du Ve. Les cars de police nous ont, avec une technique maintenant bien rodée, suivi de station en station, régulièrement renseignés par l'équipe des RG mêlée au cortège. Ils remontent maintenant la rue Soufflot, à vive allure et toutes sirènes hurlantes. Les jeunes ont de bonnes jambes, mais la course est inégale. Place du Panthéon, les forces de police hésitent un instant, mis à profit par un petit groupe de manifestants pour pénétrer dans la mairie. Mais le gros du rassemblement reste bloqué à l'extérieur. Les policiers me projettent sans ménagement du haut en bas des escaliers du perron. Roulé-boulé très photogénique repris par les journaux télévisés du soir.

Il ne reste plus qu'à s'installer sur l'esplanade, devant la mairie protégée par un cordon de police. À toute chose, malheur est bon : nous serons bien plus visibles qu'à l'intérieur de l'édifice. Les touristes venus visiter le Panthéon sont éberlués de voir cette bande de jeunes SDF installer son campement en ces lieux prestigieux.

Les élus ont ceint leur écharpe, et cela donne un caractère officiel à notre démarche. Ils ont reçu cinq sur cinq le message de l'occupation de la mairie : ne pas se contenter d'un soutien en paroles seulement, mais de quelque chose de plus solide, directement sur le terrain.

Le Grand Orient de France [17] s'occupe du ravitaillement. Les gars et les filles, creusés par l'action, apprécient. Il faut dire que le Grand Maître de l'Obédience est à nos côtés depuis le matin.

Le commissaire de police a peur que nous tentions d'occuper l'immeuble où résident les Tibéri, situé à deux pas. Je le rassure sur ce point. Ce n'est pas dans la culture du Comité des sans-logis.

Le matraquage médiatique commence : les SDF occupent la mairie du Ve. Les télex tombent sur le bureau de Jean Tibéri, à intervalles réguliers. Le rapport de force commence à s'inverser.

La mairie a multiplié les rodomontades maladroites : jamais plus ils n'accepteront l'occupation d'un foyer, l'expulsion sera toujours systématique, et j'en passe. Là, je crois qu'ils commencent plutôt à regretter d'avoir choisi l'épreuve de force. Les jeunes ont été tenaces dans leur désir de revanche et leur détermination qui finit toujours par payer. La mairie sait maintenant qu'elle est attendue au tournant.

Il nous faudra malgré tout passer la nuit sur le trottoir, avec quelques élus qui ont eu le courage de rester puisque ce n'est que le lendemain que la ville de Paris demande à recevoir une délégation.

Les jeunes délégués des foyers, accompagnés par Mourad, se rendent à l'Hôtel de ville.

Les sans-abri en lutte ont gagné, une fois de plus. Le relogement de tous les expulsés est accepté par la ville de Paris. Les jeunes bénéficieront de prises en charge hôtelières en attendant. C'est maintenant au travail social à entrer en jeu, en prolongement de l'action militante. Tout le monde a rendez-vous boulevard Diderot, au siège du CASVP. Pagaille joyeuse au bon goût de victoire. Heureusement, un buffet est prévu, et les jeunes peuvent attendre d'être reçus individuellement par les assistantes sociales, en se restaurant. Ils ne s'en privent pas.

17. Première obédience maçonnique française.

Nous, les militants, ressentons des sentiments mitigés : plaisir d'être témoins de la joie et de la fierté des gars et des filles, mais aussi tristesse de les quitter après ces longues journées de lutte commune. La fatigue aussi se fait sentir.

Je revis en pensée les grands moments de cette lutte, mais aussi les petits instants de répit, comme les nuits passées au foyer Emmaüs-quai de la gare, réouvert pour l'occasion suite à notre demande. Je revois les soirées passées dans la cour illuminée par les guirlandes, l'ancien hangar transformé en hébergement d'urgence, les moments difficiles aussi, les heurts et les inévitables bagarres. La page est tournée.

Le lendemain, à la Une de *l'Humanité*, Henri Malberg [18] qualifie le succès des jeunes sans-abri d'« *événement très important* ».

18. Ancien président du groupe communiste du Conseil de Paris.

22

Le CdSL aux côtés des sans-papiers

Une permanence est ouverte rue du Dragon pour recevoir les sans-papiers. Être sans-papiers, l'exclusion des exclusions. La négation totale de l'individu, de son droit à circuler librement, à gagner honnêtement son pain, à avoir une vie de famille et des relations. Être sans-papiers, et vivre malgré tout, dans un pays que l'on aime et qui devrait être fier d'être choisi par tellement d'hommes et de femmes, ne pouvant ou ne voulant plus rester dans leurs pays d'origine. Être sans-papiers, et avancer quand même dans la vie, la peur au ventre, quand ce n'est pas la dépression. Être sans-papiers et se retrouver à la merci des trafiquants d'esclaves des temps modernes et des marchands de sommeil. Voilà le lot quotidien que la France d'aujourd'hui, qui aime tant donner des leçons en matière de droits de l'Homme, réserve à ceux et celles qui ne demandent qu'à y vivre en paix. Je fais partie de ceux qui ne le supportent pas.

Aucune association, même parmi les plus spécialisées, ne sait comment résoudre le problème. Elles sont empêtrées dans l'accompagnement individuel. Obtenir une ligne directe à la préfecture de police ou au ministère de l'Intérieur est vécu comme une grande victoire. Les centres de rétention fonctionnent à plein régime, même si les expulsions effectives sont moins nombreuses. À Droits devant, le mouvement a commencé par une présence militante régulière à la 35 bis. La 35 bis, c'est la chambre chargée dans chaque tribunal de statuer sur la rétention administrative des sans-papiers. Les préfectures l'aiment aux ordres, réduite au rôle de simple chambre d'enregistrement : les magistrats, le doigt sur la couture du pantalon, je ne veux voir qu'une seule tête. Rares sont les cas où le sans-papiers retenu peut sortir du centre de rétention sur décision de justice pour être assigné à résidence [19]. Une greffière du palais de justice, sous couvert de l'anonymat, nous dira que la 35 bis, c'est la négation même du droit. Justice expéditive et qui a honte d'elle-même. Les juges siègent en costume de ville, sans prendre la peine de revêtir leur robe, accentuant l'impression d'être de simples fonctionnaires ratifiant sagement les décisions déjà prises par la préfecture de police.

Il n'est pas rare qu'un adhérent du CdSL, ou un habitant sans-papiers de la rue du Dragon, se fasse épingler lors d'un contrôle, souvent dans le métro. Car même les contrôleurs de la RATP se font chiens de garde en retenant en toute illégalité les sans-papiers verbalisés.

Un soir, il nous faut filer en catastrophe vers un tribunal de banlieue où un jeune résident de la rue du Dragon passe à la fameuse 35 bis. Maître de Félice, contacté d'urgence, nous rejoint sur les lieux. Nous tombons en plein arbre de Noël des enfants du personnel, et tout le monde se demande bien ce que nous faisons là. Il fait déjà nuit. Une bonne vingtaine de sans-abri envahissent pacifiquement la salle d'audience. Jean-Jacques de Félice, encouragé par notre présence, réussit à convaincre la magistrate. Elle se laisse fléchir à cet argument de poids : le jeune homme assis devant elle habite au squat de l'abbé Pierre. Et son ordonnance libère notre ami du centre de rétention, pour l'assigner à résidence… au squat de l'abbé Pierre.

Au mois de mars 1996, nous sommes prévenus par un coup de téléphone de Médecins du monde que plusieurs centaines de

19. Un sans-papiers peut être libéré du centre de rétention si le juge estime qu'il présente des garanties de représentation (domicile et passeport). On dit alors qu'il est « assigné à résidence ».

sans-papiers occupent depuis quelques heures l'église Saint-Ambroise, toute proche de la mairie du XIe arrondissement. Pas de tergiversations, pas de temps de réflexion, pas d'attentisme : Les militants du CdSL se rendent sur place dans l'instant.

Les autorités ecclésiastiques, bien embêtées, ont envoyé le père Yves de Mallmann, chargé des relations avec les migrants, pour prendre contact avec les sans-papiers, et si possible les persuader de sortir. Puis un évêque auxiliaire vient en renfort, qui n'ébranle pas plus la position des occupants : ils resteront, et certains feront la grève de la faim, jusqu'à la régularisation de tous. Coup de tonnerre dans un ciel serein. Les sans-papiers ont décidé de prendre leur sort en main. Ils veulent installer un rapport de force sérieux et poser leurs conditions. C'est un véritable tremblement de terre. Jean-Claude Amara ne s'y trompe pas, qui me glisse : « Tu vas voir ce qui va partir d'ici. Ça va aller très, très loin. »

Les sans-papiers et des soutiens débarquent de tous les côtés. Enfin, les digues de la peur ont cédé. Il faut installer plusieurs bureaux aux portes de l'église pour le dépôt des dossiers. Les prêtres de Saint-Ambroise, complètement affolés, font retirer le Saint-Sacrement : en désacralisant l'église, ils lui rendent un statut de banal bâtiment public, donnant ainsi tacitement le feu vert à une expulsion par la police.

C'est Ponce Pilate qui se lave les mains.

Sambaké a été élu délégué par les sans-papiers. J'aime sa manière calme et majestueuse de s'avancer vers le porche pour faire ses déclarations et répondre aux journalistes.

Jacques Gaillot et Jean-Marie Lustiger arrivent en même temps. L'évêque de Parténia par la grande porte, et l'archevêque de Paris par une porte dérobée. J'adresse un chaleureux « Bonjour mon père » au cardinal qui s'approche de notre groupe. Il me toise et ne me répond pas. On m'a rarement fait ce coup-là. Il fera le tour des familles, serrant furtivement quelques mains, et ignorant superbement les militants associatifs. Les déclarations télévisées nous feront comprendre plus tard qu'il est persuadé d'avoir affaire à un complot. Les sans-papiers auraient été manipulés par les associations. En gros, il les croit parfaitement incapables de prendre leurs affaires en main. La thèse de la manipulation gauchiste, vieille rengaine réchauffée, est ressortie une fois de plus. Nous avons l'habitude. Et vas-y d'attaquer les associations, qui assoient leur audience sur la misère, font miroiter l'impossible, sont irresponsables et inconscientes, etc. J'en passe, et des meilleures. Les militants ont beau rétorquer qu'ils n'étaient pas au courant, qu'ils n'ont été appelés qu'après, rien n'y fait : la conviction de l'archevêque de Paris est faite. Je ne sais pas s'il croit vraiment ce qu'il dit, auquel cas on peut lui pardonner son erreur, ou s'il fait semblant d'y croire, auquel cas se serait plutôt lui le manipulateur. Laissons-lui le bénéfice du doute. En tant que membre de l'Église catholique, ma relation filiale avec l'archevêque de Paris reste inchangée. C'est un homme qui a beaucoup de qualités par ailleurs, et chacun a ses zones d'ombre.

Les paroissiens de Saint-Ambroise voient d'un mauvais œil l'occupation de « leur église ». Certains vont jusqu'à donner libre cours à leur haine raciste. Ainsi, cette dame qui m'apostrophe : « Je reviens de vacances, et je trouve mon église pleine de nègres ! » Une contre-manifestation est organisée, regroupant une trentaine de personnes, soi-disant habitants du quartier. Pas besoin de chercher bien loin pour trouver d'où ça vient.

À l'intérieur, la vie s'organise du mieux possible. Les associations font ce qu'elle peuvent pour apporter un soutien logistique, mais l'ensemble reste tout de même précaire. Après l'expulsion, une certaine chaîne de télévision s'attardera complaisamment sur des images de détritus. Facile d'accuser les gens d'être sales quand on ne leur donne ni les moyens, ni même le temps de s'organiser, pour être propres. Facile, et lâche. Les locaux de Médecins du Monde, à deux pas, et les bistrots du quartier permettent aux militants de se retrouver pour faire plus tranquillement le point. Les militants du CdSL assurent une présence constante. Ils seront les seuls présents au moment de l'expulsion. Le GISTI, le MRAP, le DAL, Droits devant,

SOS-Racisme, SUD, et d'autres encore sont sur les lieux et essayent d'assurer une protection au mouvement naissant.

Un soir, après le départ des militants et alors que les familles commencent à s'installer pour la nuit, je me hisse sur le banc de l'orgue, et j'attaque, pas très bien, le choral « Jésus, que ma joie demeure », de Jean-Sébastien Bach et, d'agités qu'ils étaient, les enfants retrouvent le calme par la magie de la musique – instant de paix. Je joue un moment, sur les jeux doux, pour respecter le repos de ceux qui commencent à s'endormir. Cette petite audition est ma façon de rendre hommage à ceux qui se sont mis courageusement en lutte.

L'expulsion a lieu au petit matin. Prévenu par téléphone, je saute dans un taxi. J'ai en effet passé cette dernière nuit dans ma chambre de bonne, histoire de prendre un peu de repos, non sans avoir été dérangé en pleine nuit par un appel anonyme particulièrement menaçant : « Tu soutiens les sans-papiers. On ne l'oubliera pas, et ton tour viendra. »

Je demande à mon chauffeur de me conduire à l'église Saint-Ambroise.

« Mais on ne peut pas aller là-bas, ils sont en train de virer les nègres.

– Les nègres, comme vous dites, je fais partie de leur comité de soutien. Laissez-moi ici, je ne peux pas admettre vos propos. » C'est finalement en métro que je rejoins Saint-Ambroise. Tout le monde est sous le choc, les militants hébétés. Léon Schwartzenberg et Jacques Gaillot sont déjà là. Celui-ci déclare aux journalistes : « On profane l'église quand on expulse les sans-papiers. » Fodé Sylla, le président de SOS-Racisme (à l'époque), fonce, seul, sur les forces de police. Sa carrure est imposante, mais quand même. Il ressort de la mêlée la chemise à moitié arrachée. Je vais saluer l'abbé Pierre qui, de retour du centre de rétention de Vincennes, attend sagement à l'arrière de sa voiture. Il demande à se rendre devant l'église, aux côtés des sans-papiers. Refus poli du commandant de police. « Excusez-moi, mon père, mais j'ai des ordres. » Profitant d'une faille dans le dispositif, nous aidons l'abbé Pierre à escalader la barrière. Effort surprenant pour un homme âgé et de santé fragile. Mais il se trouve ainsi plus près des expulsés.

La délégation reçue en mairie ne ramène rien de concret. Il faut dire que Georges Sarre, maire du XIe arrondissement, ne s'est jamais trop distingué par son soutien aux sans-papiers. Il refuse net de mettre quelque salle que ce soit à disposition du mouvement. Il ne reste plus qu'à rebondir sur une autre action. Le nom du gymnase Japy commence à circuler. Les grandes oreilles de la préfecture de police sont un peu trop présentes à mon goût.

C'est pourtant sans peine que la manifestation investit les lieux, interrompant un tournoi de volley-ball. Le pouvoir s'était imaginé avoir brisé toute résistance en expulsant Saint-Ambroise. Il pensait avoir réinstallé la peur. C'est raté.

Je sympathise avec un jeune informaticien sans-papiers. C'est un homme calme, encore un peu timoré. Il n'est guère rassuré. Je l'encourage ; je viens de faire la connaissance d'Ababacar Diop, qui deviendra une des figures du mouvement, s'enhardissant au fil des jours, développant des talents d'orateur, surtout pour redonner force et conviction à ceux qui baissent les bras, et prenant une grande envergure politique.

La préfecture de police a autorisé quelques militants à faire le lien entre l'intérieur du gymnase et les soutiens extérieurs. Les forces de l'ordre ont en effet rapidement installé un blocus total autour du lieu occupé. Je suis sur la liste des personnes autorisées à passer. Nous nous retrouvons avec un travail fou : faire passer le lait, l'eau et les provisions, après contrôle sévère des policiers. Tout est surveillé. Quelques biens précieux réussissent tout de même à passer. Mais gardons nos secrets.

Lorsque je me vois bloqué à l'entrée, et qu'il en est de même pour mes colistiers, je comprends que l'expulsion se prépare. Une foule nombreuse, et qui grossit d'heure en heure, s'est massée devant le gymnase. Une extraordinaire sensation de délivrance est presque palpable. J'ai toujours cru que la lutte avait, en elle-même, et indépendamment des résultats, un effet bienfaisant, de l'ordre de la thérapie. Un air de printemps. L'ambiance devant Japy en est bien la preuve. La foule se libère, relève le tête, refuse l'inacceptable. La chape de plomb qui pesait sur les épaules des sans-papiers, faussement baptisés clandestins par les flics et le gouvernement, est en train de fondre au soleil de saison. Et ça fait du bien.

Les avocats nous apportent des nouvelles de la 35 bis. Ils ont plaidé le non-respect de l'heure légale par la préfecture de police pour évacuer l'église, et le contrôle au faciès qui a suivi : les noirs d'un côté, les blancs de l'autre. Je vous laisse deviner le présupposé. Ils ont purement et simplement mis en avant l'illégalité des interpellations. La justice suit, du moins dans un premier temps. Les sans-papiers arrêtés sont libérés.

L'expulsion interviendra le lendemain matin, avec une grande brutalité, dirigée en particulier contre les militants qui sont embarqués sans ménagement dans les cars de police. Mehdi, le fils de Jean-Claude Amara, est sévèrement battu au commissariat.

Les violences policières sont la honte de la République. Rien n'y fait : ni le rapport annuel d'Amnesty International qui épingle régulièrement la France, ni les instances européennes appelant la police française à plus de modération, ni les comptes rendus des différentes commissions d'enquête, de la Fédération internationale des droits de l'Homme en particulier. Les ministres de l'Intérieur, de droite et de gauche se suivent et se ressemblent : ou ils sont bornés et incapables de voir l'évidence ; ou, plus grave, ils ont choisi la politique de l'autruche, et sont complices. La police nous protège, mais personne ne nous protège de la police. Il faudra l'intervention des magistrats, et le courage des citoyens dénonçant les violences, subies ou constatées, pour que ça cesse.

Un grand rassemblement de protestation et de soutien a lieu l'après-midi, place Léon-Blum, devant la mairie du XIe arrondissement. Les sinistres cars de ramassage de la préfecture de police sont stationnés, bien en vue, à proximité de la manifestation. Dérisoire menace.

Une longue errance commence. L'occupation de lieux publics semble difficile à renouveler pour l'instant. La mobilisation, dans l'urgence et l'improvisation depuis plusieurs jours, doit se construire et trouver un nouveau souffle. La LCR propose l'hébergement pour le soir dans ses locaux de la rue de Tunis. Ce sera ensuite Droits devant, SUD, et une soirée organisée par SOS-Racisme dans un local paroissial, assortie d'une bien regrettable manœuvre de division du mouvement. Les sans-papiers ont trouvé un havre de paix à la Cartoucherie de Vincennes. Ariane Mnouchkine et son équipe font preuve d'un réel courage politique en leur donnant asile. Les militants sont mis à contribution, surtout pour les tâches matérielles. Ce sera une constante du mouvement des sans-papiers, de cantonner les soutiens à la logistique, et un des principaux reproches qui lui a été fait. L'équipe de Médecins du monde passe tous les jours pour surveiller la tension artérielle et l'état de santé des grévistes de la faim, et donner des consultations pour les enfants. Des militants du Comité des sans-logis, dont Bruno, sont présents à plein temps également.

Bruno nous est arrivé un beau matin à la rue du Dragon, venu d'on ne sait où, mais en tout cas d'un parcours atypique et difficile. Ancien toxicomane, ancien mercenaire au Liban, Bruno a connu le plus dur de la rue. Il est séropositif depuis des années. Il se retire quelque temps pour écrire un livre-témoignage, et bizarrement en refuse l'édition. Puis il revient et s'engage résolument à nos côtés. Il s'aménage un coin dans nos locaux, et tient la permanence de pied ferme. De manière un peu trop militaire parfois, qui va en rebuter certains. Garçon dur et volontaire, il sait se montrer attachant aussi, et quand il a choisi une cause, ou quelqu'un, il sait se montrer fidèle. Nos rapports sont tendus au début. Deux caractères un peu trempés s'affrontent. Puis, pas à pas, Bruno prend sa place dans l'association et devient un militant précieux. La lutte des sans-papiers l'a passionné. Il s'est senti en phase dès l'expulsion de Saint-Ambroise, et ne les a plus quittés depuis.

Il faut assurer les tours de garde et nous passons quelques nuits à la belle étoile, autour de l'enceinte, chaudement calés dans des sacs de couchage *Setton*, après de sympathiques veillées autour d'un feu de bois. La sortie de la Cartoucherie se fait un beau matin, en un joyaux défilé, en bus suivis d'une ribambelle de voitures, et escortés des motards de la police nationale qui ouvrent la route. Un entrepôt SNCF désaffecté, beaucoup plus sinistre, sert de nouveau refuge aux sans-papiers.

Deux mois plus tard, le temps d'organiser le mouvement, l'église Saint-Bernard est occupée, à l'initiative des sans-papiers. Le père Henri Coindé, curé de la paroisse, est surpris en plein travail de préparation de son sermon du dimanche. Mais Saint-Ambroise est loin déjà, et l'Église catholique a dû essuyer bien des reproches pour avoir provoqué l'expulsion. À Saint-Bernard, personne ne va chercher la police. Les sans-papiers s'installent et, suivant le rituel bien rôdé, une partie d'entre eux entame une grève de la faim... Les soutiens affluent. Nombreux. Certains jours, c'est une véritable marée humaine qui se presse aux abords de l'église. Militants anonymes, sympathisants d'une heure, d'un jour, d'un été. Des visages connus aussi, et même quelques personnalités en vue. Le tout-Paris militant s'est donné rendez-vous à Saint-Bernard, et l'on se reconnaît et s'interpelle joyeusement. Les cafés de la place ne désemplissent pas, petits bistrots de quartier jusque-là si calmes dans la moiteur d'août. Les jeunes sont nombreux, organisés ou non. Le groupe JRE (Jeunes contre le racisme en Europe) est très présent et remarqué.

Saint-Bernard, c'est LE sujet médiatique, et certaines chaînes de télévision campent sur place nuit et jour, les antennes installées à demeure. Tous les contacts et relais politiques sont saisis. Un collège de médiation, sous la présidence de Stéphane Hessel, ambassadeur de France, commence à travailler. Xavier Emmanuelli, secrétaire d'État à l'action humanitaire d'urgence, est également contacté. Il ne pourra pas faire grand-chose. Comme à Saint-Ambroise, je me hisse le soir sur le banc de l'orgue pour jouer quelques mesures. Il est décidé qu'en cas d'expulsion, je m'installerai à l'instrument pour donner à l'événement une solennité propre à impressionner les forces de police, pendant que le père Coindé entamera un office religieux pour essayer de faire appel au sens du sacré.

Le CdSL est sur plusieurs fronts à la fois ; les deux foyers d'hébergement en lutte, Crimée et George-Sand, d'un côté, et Saint-Bernard de l'autre. Il est dommage que les militants parisiens, totalement pris par la lutte des sans-papiers, aient été si peu présents sur celle des foyers, combien importante elle aussi. Seuls les dirigeants du mouvement ne s'y trompent pas.Les porte-parole, Madjiguène Cissé et Ababacar Diop, n'oublient jamais de rappeler que les jeunes des foyers en lutte sont eux aussi présents à Saint-Bernard. Tout en se battant pour leurs propres revendications, ils sont présents à côté d'autres sans-droits, les sans-papiers en lutte.

Je partage mon temps entre l'église et les foyers. Les jeunes, expulsés de leurs lieux d'hébergement, ont trouvé refuge à la mairie du XXe. C'est là que je passe la nuit précédant l'expulsion de Saint-Bernard. La veille, j'ai appelé François Breteau qui m'affirme que « ce n'est pas pour demain ». Il se trompe. Décidément, je ne serai d'aucune intervention policière. Au moment où les forces de police commencent à s'attaquer à l'église, on me cherchera en vain, et l'office religieux prévu débute sans moi. Excusez l'organiste : il est retenu sur un autre terrain de lutte.

L'expulsion laissera des séquelles. Un déploiement de forces impressionnant, de la police à la gendarmerie, en passant par les CRS. La destruction de la porte et des vitraux à coup de merlin est dans toutes les mémoires. À peine la nouvelle connue, un rassemblement de protestation est improvisé au métro Porte de la Chapelle, à deux pas de l'église prise d'assaut. Les forces de l'ordre se sont regroupées elles aussi, et nous barrent la route. Les policiers sont très nerveux et agressifs. Ils reprennent la tactique consistant à frapper en cadence la matraque contre le bouclier. Vieille technique d'intimidation déjà utilisée dans l'Antiquité par les armées romaines. Nous sommes brutalement chargés après des jets de gaz lacrymogènes, et de nombreux manifestants sont à terre.

Un cordon de gendarmerie interdit l'accès aux abords immédiats de l'église. Albert Jacquard est parmi nous, militant parmi tant d'autres. Alain Krivine propose de descendre les boulevards, et le cortège se forme, renforcé au fur et à mesure des soutiens qui continuent d'affluer. Le signal de la dispersion est donné place de la République, et un rendez-vous lancé pour l'après-midi même.

La manifestation sera énorme, à la mesure de l'indignation ressentie. Un jeune militant marocain du CdSL répète à qui veut l'entendre : « Vous vous rendez compte. Ils ont osé s'attaquer à une église. Avec une hache ! » Il n'en revient pas. Pour lui, comme pour tous les musulmans, un lieu de culte est sacré quoiqu'il arrive. L'intervention brutale des forces de police est pour lui parfaitement incompréhensible : sans aucun respect pour l'office religieux en cours, les policiers ont brutalement expulsé les sans-papiers et les soutiens, remplissant de familles entières les sinistres cars de ramassage de la préfecture de police. Ceux-là mêmes qui d'ordinaire servent pour les sans-abri.

En fin de manifestation, c'est encore plusieurs milliers de personnes qui s'avancent, de nuit, vers l'école de police de Vincennes qui abrite le centre de rétention. La première vague, impressionnante de force et de détermination, fera reculer les CRS. Mais ils se ressaisissent vite, et dispersent de nouveau, toujours de manière aussi brutale, les militants.

Une première phase de la lutte est derrière nous. Très offensive, elle aura eu le mérite de mobiliser, regrouper, et redonner le courage de se battre aux sans-papiers et aux associations, enfermés, par le calcul du ministère de l'Intérieur, dans la spirale infernale du traitement des dossiers au cas par cas. Rien ne sera plus comme avant. Les sans-papiers ont redressé la tête, ont refusé de raser les murs, ont décidé de sortir de la clandestinité et de vivre et revendiquer au grand jour. La lutte de Saint-Bernard aura secoué puis éteint la peur, la peur viscérale de l'arrestation et de l'expulsion. Elle aura permis une prise de conscience de la société française. Il est significatif que l'expulsion de l'église soit intervenue le lendemain de la publication d'un sondage par *Le Parisien*, indiquant clairement qu'une majorité se dégageait pour la régularisation des sans-papiers en lutte. Et elle aura payé, puisque pratiquement tous les « Saint-Bernard » obtiendront un titre de séjour à l'issue d'un mouvement qui restera comme une référence.

23

Morts de froid

Décembre 1996. Une vague de froid sans précédent s'est étendue sur le pays, et sur l'ensemble de l'Europe. Chaque soir, les journaux télévisés annoncent de nouveaux morts de froid parmi la population des vieillards miséreux et des sans-abri.

Les pouvoirs publics axent leur action sur l'urgence. Les ministres viennent inaugurer les centres d'hébergement ouverts en catastrophe. La RATP met à disposition la station Saint Martin, désaffectée de longue date, et installe des lits d'accueil.

Une de ces nuits glaciales, au Châtelet, je rencontre un jeune sans-abri, ivre, allongé sur le trottoir. Je le tire comme je peux jusqu'à une grille de métro. Je sais que la chaleur échappée du souterrain lui permettra d'éviter de sombrer dans l'inconscience, proie facile pour le froid et la mort. Il refuse catégoriquement le SAMU social. Que faire ? Je ne peux tout de même pas le laisser seul, avec un tel risque d'hypothermie. Je m'assois à ses côtés et l'empêche de dormir. À quatre heures du matin, je me décide à appeler la police.

« Je vous envoie une voiture. » Le fonctionnaire a tout de suite compris et a pris toute la mesure du danger. Les policiers sont très vite sur les lieux, pratiquement en même temps que le SAMU social, certainement alerté par leurs soins. Le chef de patrouille n'y va pas par quatre chemins :

« Voilà, tu as deux voitures, dit-il au jeune homme. Tu choisis. »

Le jeune grimpe de mauvaise grâce dans l'estafette du SAMU social. J'ai trahi ma parole, mais que faire d'autre ? Était-il possible de laisser ce garçon risquer la mort pour respecter sa volonté ? En conscience, je réponds non, et je pense avoir fait ce que j'avais à faire, en tant qu'homme.

Quelques maires prennent des arrêtés municipaux obligeant les sans-abri à monter dans les voitures de secours, par la force si nécessaire. Tollé. La plupart des militants prennent position contre. Le débat s'engage au CdSL. Je défends les arrêtés. Ils ne pallient qu'à l'urgence, c'est vrai. La solution de fond reste bien le relogement définitif de tous les sans-abri, c'est encore vrai. Mais je fais valoir que la société n'a pas le droit de laisser quelqu'un mourir, ni même d'en prendre simplement le risque, parce qu'il refuse de se rendre dans un centre d'hébergement.

Les avis contraires s'expriment également. Et, n'arrivant pas à trancher, nous ne prenons pas de position officielle au nom de l'association. Il faut tout de même marquer un coup pour rappeler que la vraie et unique solution est de reloger les gens de la rue. Là-dessus, tout le monde est d'accord, du moins dans nos rangs. Nous choisissons d'interpeller le ministre du Logement à partir d'un lieu symbolisant le luxe : tout le monde ne meurt pas de froid, Monsieur le ministre, regardez comme certains sont bien installés. Vous trouvez ça juste ?

L'action est fixée au 31 décembre, et nous occupons pendant un après-midi entier le Grand Hôtel, établissement ultra-chic de la place de l'Opéra, où certaines chambres sont affichées à quinze mille francs la nuitée.

Aux cris de « Morts de froid, plus jamais ça ! », les sans-abri et des soutiens associatifs et syndicaux font irruption dans le hall du prestigieux établissement. Une belle plaque, aux lettres dorées sur fond noir, confectionnée par Vincent Espagne est apposée sur le marbre du sol : *« Aux morts de froid. »*

La direction de l'hôtel, ahurie, vient me trouver pour faire valoir que ses clients, la plupart étrangers, n'ont rien à voir avec les morts de froid en France. Parlez-moi d'un argument.

Toutefois, vieille tradition hôtelière oblige, ils nous feront servir un en-cas et du café, sous la magnifique verrière XIXe siècle du grand salon. Et en fin de journée, reçus au Ministère, nous portons la parole des sans-abri.

Le plan Périssol se hâte avec lenteur. Lancée après l'occupation de la rue du Dragon, la vague de réquisitions est loin d'avoir couvert les besoins en logements d'urgence. Sa portée reste surtout symbolique. Des immeubles réquisitionnés de longue date ne sont toujours pas prêts à être habités, et nous sommes en janvier 1997. La vague de froid fait encore et toujours des ravages. Un de nos militants, Jacques, a l'idée d'occuper un immeuble réquisitionné et non encore livré pour dénoncer la lenteur des travaux et le peu d'empressement de l'État à reloger les sans-abri. Il a repéré le 13, rue Léopold-Bellan dans le quartier des Halles, à deux pas de la rue Montorgueil. Un avis de réquisition est soigneusement placardé sur chaque porte, mais aucune entreprise ne s'est présentée pour la remise en état. L'association La Clairière, chargée du suivi social, attend avec impatience et désespère de pouvoir remplir les trente-cinq logements. Quant aux personnes à reloger, elles se morfondent dans de l'insalubre, du précaire, quand ce n'est pas au SAMU social.

Militant tenace, malin, et méticuleux, homme de terrain à toute épreuve, Jacques a fait un repérage en règle. Il adore sortir des dossiers chauds pour les servir sur un plateau à l'opinion publique. Il se marre franchement, toujours à l'affût d'un bon tour à jouer.

Le rendez-vous est donné rue d'Aligre, suivant la méthode bien rôdée, c'est en métro que nous nous rendons sur les lieux de l'action, tenus secrets.

Lorsque le marché d'intérêt national a été transféré à Rungis, c'est un trou béant, au propre et au figuré, qui a remplacé les

Halles pendant des années. Ensuite on a construit cet affreux ensemble commercial qui enlaidit le quartier. Mais la rue Léopold-Bellan, plus calme, moins fréquentée, a gardé tout son cachet.

C'est un spectacle plutôt désolant qui nous attend sur place : fils électriques pendouillant dans les cages d'escaliers, éclairage blafard, tuyaux d'évacuation à l'air libre un peu partout.

Nous faisons visiter à la presse un studio impeccable, qui devrait être déjà habité. Les journalistes accourent, ravis de l'aubaine. Histoire de bien enfoncer le clou, nous leur remettons une liste de plusieurs autres immeubles réquisitionnés dans lesquels les travaux n'avancent pas plus vite.

Le lendemain, une équipe télé me fait refaire le tour du propriétaire, de la cave au grenier, pour bien montrer l'incurie dans laquelle est tenu le bâtiment. Quelques semaines de travaux rondement menés suffiraient à le rendre habitable. S'engage alors un bras de fer entre la chaîne de télévision et l'Hôtel Matignon qui a la prétention de s'opposer à la diffusion du sujet. Blocus de l'info pendant quarante-huit heures, puis, revanche de la chaîne, passage de mon interview à plusieurs journaux télévisés, l'un à la suite de l'autre.

La presse n'apprécie que modérément, en général, les tentatives de blocage de l'information, et lorsque le barrage est levé, elle s'en donne à cœur joie.

Toujours est-il que trois semaines plus tard, les familles mal-logées de La Clairière, plus quelques sans-abri présentés par le CdSL peuvent intégrer leurs nouveaux logements.

Les familles de la rue de Dragon sont relogées elles aussi. Il a été décidé que la sortie de l'immeuble se ferait pour tous le même jour. Nous voulons donner un impact médiatique à l'événement.

Le jour J, la rue du Dragon est envahie par les camions de déménagement… et les caméras de télévision. Chaque famille a reçu une proposition de logement et va commencer une nouvelle vie. Chaque famille, sauf une. Pour nous, pas question de la laisser sur le carreau. Les militants et les familles se mobilisent pour elle comme un seul homme et bloquent les premiers camions prêts à partir. Appel au préfet. La famille obtient une proposition de relogement.

Je suis heureux de voir la joie des familles et des jeunes. Et, en même temps, un peu triste de les quitter, déjà nostalgique de la formidable aventure vécue à leurs côtés. Alors, pour tromper le blues, je m'active ; j'aide au chargement des camions. Moi aussi, j'ai remballé mes petites affaires.

Mon sort étant lié à celui du CdSL, je ne me suis pas inscrit pour un relogement. Où vais-je aller ? Où allons-nous reloger le Comité ?

Le CdSL n'est pas le seul à se retouver sans locaux. D'autres associations vont se retrouver sans lieu de permanences et de réunions. L'occupation d'un autre lieu est décidée. Ce sera le 3/5 rue d'Aligre, dans le XIIe arrondissement, quartier populaire s'il en est, autour de son marché, le moins cher de Paris, et de sa brocante.

Toutes les associations s'y installent un dimanche matin ; les locaux sont répartis suivant les besoins de chacun. Syndicats, associations de lutte contre l'exclusion et associations de quartiers se regroupent sous le même toit et donnent à leurs nouveaux locaux un nom rassembleur : la Maison des ensembles (MDE).

24

Logements vides : occupez-les !

À Paris, les jeunes continuent d'envahir la permanence, posent les sacs n'importe où, laissent les chiens prendre possession des bureaux, s'installent et sont chez eux. Le bricolage avec le 115 et les foyers d'hébergement a fait long feu. Il faut trouver une solution plus durable. Première tentative d'occupation dans un immeuble censé appartenir à la ville de Paris. Nous recevons le renfort des Marches européennes. Les marcheurs, surtout les Espagnols, adorent l'action. Une telle capacité d'énergie concentrée sur un aussi petit nombre de personnes est chose rare et précieuse. Le DAL a décidé, lui, d'occuper un immeuble vide de la place Iéna. Dès l'entrée dans les lieux, les familles subissent les charges policières. Notre installation se passe plus calmement. L'association la Chorba, qui distribue chaque soir le repas aux sans-logis de la gare d'Austerlitz, apporte le ravitaillement.

Nous serons expulsés le jour même, en fin d'après-midi, de même que les familles du DAL, et tous embarqués au commissariat de police. L'immeuble appartenait en réalité à l'ambassade de Côte d'Ivoire, qui a demandé l'évacuation. La ville de Paris, ancien propriétaire, l'avait vendu si récemment qu'il était en effet difficile de le savoir. L'expulsion, si elle décourage quelques-uns, a le plus souvent pour effet de remobiliser les troupes. C'est ce qui va se passer.

Une deuxième tentative a lieu avec l'ouverture d'un immeuble de la Montagne-Sainte-Geneviève, rue Rollin. C'est une ancienne école de cinéma, dans une rue pittoresque et bourgeoise. Bourgeoisie raffinée, pas du tout le style nouveaux riches aimant à étaler un luxe tapageur et le plus souvent de fort mauvais goût. Non ! Le charme discret… Charme peut-être, mais instinct de propriété bien ancré quand même. Un bourgeois reste un bourgeois.

La manifestation, partie de notre local, a rassemblé plusieurs centaines de militants des associations, partis et syndicats. SUD et la CNT, très présents, ont mobilisé le ban et l'arrière-ban. C'est une joyeuse bande qui déboule dans la rue étroite où se trouve « la cible ».

L'intervention des forces de l'ordre est rapide et particulièrement brutale. Filmée par Stéphane Mercurio pour le film de Christophe Otzenberger *Fragments sur la misère*, elle donne à l'écran une impression de violence inouïe : la force aveugle de la répression s'abattant sur ceux du peuple qui essayent de relever la tête.

Mon intervention au porte-voix reste en suspens. Les matraques parlent à ma place. Annie Pourre essaie de sauver ce qui peut l'être : « En chaîne ! », crie-t-elle, mais en vain. La manif est déjà dispersée. L'équipe technique n'a pas eu le temps de procéder à l'ouverture de la porte, plus résistante que nous le pensions.

La défaite est amère, les oriflammes fièrement arborés pendent pitoyablement. Les regards sont remplis de rage et de tristesse. Quand on y a cru si fort, c'est dur, surtout pour les jeunes militants, de s'avouer vaincus. Mais c'est aussi formateur. Nous, les anciens, savons bien que dans l'histoire du mouvement ouvrier, les défaites ont tout compte fait été les plus nombreuses, entrecoupées des moments forts et exaltants de la reconquête, oasis de fraîcheur dans la traversée du désert.

Libération a publié une photo de la charge policière. Le commissaire de police lui-même, en civil et matraque en main, a allègrement participé à la répression. Nous interpellons le secrétaire d'État au Logement et la ministre de la Jeunesse et des Sports.

Le secrétaire d'État, Louis Besson, ne fait rien sur le moment. Marie-George Buffet quant à elle se déclare très choquée, et attrape son téléphone pour demander des explications à Jean-Pierre Chevènement, son collègue de l'Intérieur.

Louis Besson nous reçoit peu après. Je lui explique les problèmes rencontrés par les gens de la rue, la torture morale qu'ils subissent, le sentiment d'injustice au quotidien. Le besoin d'un vrai logement, bien à soi. Mourad insiste sur les difficultés des jeunes de 18/25 ans, privés d'emploi, de logement, de ressources. Bruno, lui, parle des angoisses vécues par les séropositifs et les malades du Sida sans logement et par là-même dans l'impossibilité de se soigner. Louis Besson est remué. Cet homme de cœur, et qui a souffert, ne peut qu'être sensible à ce qu'il entend. Il n'a pas des techniciens en face de lui. Il a la population de la rue, celle qui vit dans sa propre chair ce qui est évoqué. En prenant congé de la délégation, le ministre me glissera : « Merci pour tout ce que vous faites. ». À l'issue de l'entretien, je lui signale que, suite à l'expulsion de la rue Rollin, les jeunes sans-abri occupent un autre immeuble, depuis plusieurs jours. Il laisse entendre qu'il interviendra si besoin est. Mais malgré tout, il ne se lance pas dans une politique d'envergure, et volontariste.

Au cours d'une virée nocturne, les jeunes, Carl et Karim en tête, ont repéré un bel immeuble vide au 108, rue Montmartre, juste en face du *Figaro*, et à deux pas de la Bourse (la sainte alliance). Ils ont eu vite fait de pousser un petit carreau déjà cassé, et de s'installer nuitamment. Après l'Assemblée générale du samedi suivant, leur groupe s'étoffe de quelques renforts. Je fais partie de cette deuxième vague. Les gars et les filles ont réparti l'espace suivant le principe en vigueur depuis le squat de la rue Gérard : un toit pour vingt, une chambre pour chacun. Et en avant !

Pour l'eau, c'est un peu difficile : il faudra se résoudre à aller la chercher dans la cour de l'immeuble d'en face. C'est là que nous nous apercevons que nous avons une voisine de choix : Madame le maire du IIe arrondissement en personne, Benoîte Taffin. Elle s'est à mainte reprise fait remarquer par ses déclarations fracassantes contre les squats et les squatters. Les pauvres ne sont pas les bienvenus dans le secteur.

De retour de chez le ministre, la petite délégation se retrouve nez à nez avec une voiture de police appelée par le représentant du propriétaire, très remonté, qui demande l'évacuation des lieux. D'autres véhicules de la préfecture de police arrivent et nous nous trouvons bientôt face à un véritable siège policier. Et rebelote ! « René-Coty », rue Michal, ça vous rappelle des souvenirs ?

Impossibilité de rentrer dans l'immeuble. Les allées et venues sont autorisées dans un seul sens : du dedans vers le dehors. De la rue, nous encourageons les jeunes comme nous pouvons :

« Tenez bon, on travaille pour vous.

– Jean-Yves a appelé le ministre ! »

Effectivement, j'ai appelé le ministre, ou du moins son cabinet. Le flagrant délit n'étant pas constitué, nous avons toutes nos chances. Jean-Charles Plançon, notre avocat, appelle la préfecture de police.

Gagné ! le blocus est levé.

Je serai toujours impressionné par les arrivées et les départs des flics : tout d'un coup, ils sont là. Vous ne savez pas d'où ils viennent, ni comment ils ont été prévenus. Et puis, tout aussi brusquement, ils disparaissent comme par un coup de baguette magique.

D'une fenêtre à une autre, les gars déploient une grande banderole, sous les yeux ahuris de Benoîte Taffin. Nous organisons une réception pour fêter l'installation des jeunes sans-abri.

Avec les joies et les difficultés inhérentes à tous lieux occupés, l'aventure du 108, rue Montmartre va durer une année. Le secrétariat d'État confie le relogement au GIP « habitat et interventions sociales », dans le cadre d'une mission d'État, s'il vous plaît. Quand tout le monde est casé, les jeunes rendent les clés au propriétaire.

Le CdSL participe aussi, sur proposition de Jacques Daguenet, élu communiste du IXe arrondissement, à l'ouverture d'un immeuble vide au 68, rue Rochechouart, propriété de la Caisse primaire d'assurance maladie (CPAM).

La CPAM n'est pas un adversaire facile. Il faudra perturber une séance du conseil d'administration. Les administrateurs s'enferment dans leur salle de réunion, se prenant eux-mêmes en otages. Quelques-uns essaient de plaider la cause des sans-abri, mais sont mis en minorité. Un administrateur, par ailleurs membre du PT (Parti des travailleurs), passe devant nous sans même nous regarder. De toute façon, il a pris position contre nous.

Nous retrouvons notre vieil ami Kaspereit, maire du IXe, lorsque nous assistons au conseil d'arrondissement, en soutien à Jacques Daguenet posant une question d'actualité sur le relogement des squatters. Le relogement de chacun est en fin de compte obtenu.

25

À Dieu, Maman

Maman repose, les bras sagement allongés le long du corps. Ses mains, boursouflées par l'œdème, sont comme deux petits tertres tragiques sur le bleu pâle du léger couvre-lit.

« Jean-Yves ! », souffle-t-elle, et son visage, amaigri et délabré par la maladie, s'illumine en un large sourire. Ses yeux, pleins de tendresse et de vie, s'éclairent : ça y est, toute la famille est réunie.

Je suis arrivé la veille par le train de Paris. J'ai appris que maman avait un cancer lors de l'action de la rue Montmartre, et à l'époque déjà, je l'avais visitée. La maladie a progressé depuis. Nous savons tous qu'elle va mourir. Je veux vivre ces derniers jours avec elle, intensément.

De la petite clinique ardéchoise où elle a été opérée, elle vient d'être transférée au service des soins palliatifs de l'hôpital de Crest, au sud de la Drôme. Belle petite ville, baignée de soleil et de lumière en ce printemps précoce. La bourgade s'étend en demi-cercle au pied du château, à l'antique, vieille cité aux toits de tuiles romaines. Avril : la rivière gronde des neiges fondantes, aux inquiétants tourbillons.

« Mais c'est le service pour ceux qui vont mourir », s'est révoltée maman de son brancard, à la descente de l'ambulance. « Non, pas pour mourir, mais pour vivre, et bien vivre le temps qui reste », a répondu papa, trouvant sans mentir le mot qu'il fallait.

Les soins palliatifs comptent cinq chambres, sous la responsabilité d'un médecin-chef, et regroupent médecins assistants, infirmières, kiné, aides soignantes et femmes de ménage. L'équipe est complétée par des psychologues et des bénévoles qui consacrent un peu de leur temps aux malades en fin de vie. Les murs du service sont peints de fresques reposantes, apaisantes : arbres en fleurs et oiseaux. Sur le mur de la chambre de maman, des arbres stylisés, de plus en plus petits, de plus en plus clairs, comme invitant à l'infini.

Resté seul un moment avec ma mère, je mets ma main dans la sienne. Nous nous regardons, chacun se remplissant de la vue de l'autre. Nous savons bien, elle et moi, que nous serons bientôt séparés.

« Il n'y a plus rien entre nous deux, maman ? Je veux dire : plus de parasites ? »

Maman a compris mon langage imagé.

« Mais non, mon chéri. Tout est oublié. »

Tels sont les quelques mots qui pardonnent les erreurs et les incompréhensions de toute une vie. Quelques mots comme une douche apaisante sur mon cœur qui à ce moment-là n'est rien d'autre qu'un cœur d'enfant.

Papa est à bout. Depuis de longs mois, il a supporté seul le fardeau de la maladie de maman. Les relations familiales sont parfois un peu tendues. Le médecin-chef le reçoit, et reçoit ensuite la fratrie.

« Ne faites pas bloc face à votre père. En ce moment difficile, ayez, chacun pour sa part, une relation avec lui. Individuellement. »

Ces sages conseils, l'amitié et la compétence de l'équipe soignante nous aideront beaucoup à vivre ces quelques semaines, si importantes pour notre famille.

Je me rapproche de mon père comme je ne l'avais jamais fait auparavant. Nous nous parlons.

Deux jours en Haute-Savoie chez ma sœur Manu ou mon frère Frédéric, et deux jours à Crest avec maman : le va-et-vient est fatigant pour tous. Emmanuelle, qui partage la vie de ma sœur, et Anne-Marie, notre fidèle amie, nous sont d'un précieux secours. Catherine, la compagne de Frédéric, se fait elle aussi présente du mieux qu'elle peut. Chaque jour, je téléphone aux copains à Paris. La maman de Mourad, en visite chez son fils, lui dit : « J'espère que sa maman va mourir un vendredi, c'est le jour où les portes du Paradis sont grandes ouvertes. » Jacques Gaillot téléphone à maman. Ils ne se connaissent pas mais Jacques a dit une messe pour elle avant mon départ de Paris. Nous nous sommes retrouvés dans son petit studio de la rue Cardinet, et Jacques a célébré la messe pour maman, avec simplicité et amitié comme il sait si bien le faire. Sur sa table de travail, nous avons partagé le pain et le vin. J'ai parlé de cette messe à maman, puis Jacques l'a appelée. Joie et réconfort pour elle.

Maman me fait part des lectures et des chants qu'elle a prévu pour son enterrement. Elle a choisi le psaume 23, un texte de l'Apocalypse, et les Béatitudes. Elle a laissé toutes les directives à papa, et a demandé que la quête soit faite au profit du Comité des sans-logis. Elle lui a aussi parlé de chacun des trois enfants, et fait quelques recommandations.

Nous lisons tous le livre de Marie de Hennezel, *La mort intime*[20]. Beau livre, préfacé par François Mitterrand. Il nous aide en ces jours où la vie, précédant la mort, se fait si intense.

Le coup de fil de papa nous surprend dans la voiture de Manu, un mercredi soir. L'état de maman s'est brusquement aggravé. Nous sommes en Haute-Savoie. Que faire ? Partir de suite et couvrir de nuit les deux cent cinquante kilomètres qui nous séparent de Crest ? Attendre le lendemain ?

Nous nous décidons à partir tout de suite. Le voyage s'avère difficile. Un orage terrible nous prend de court sur une route de montagne, en Isère. Arriverons-nous à temps ?

20. *La mort intime. Ceux qui vont mourir nous apprenent à vivre,* Pocket, 1997.

Nous trouvons papa accablé de fatigue, au milieu de la nuit. Le service des soins palliatifs accueille les visiteurs à toute heure, 24 heures sur 24. Nous pourrons parler une dernière fois avec maman, qui perd l'usage de la parole peu après notre arrivée. Je lui prête ma voix pour prier :

« Notre Père, qui est aux cieux, que Ton Nom soit sanctifié... »

Papa, toujours pratique et à l'esprit militaire, organise un tour de garde : les filles resteront auprès de la mourante, pendant que les garçons iront prendre un peu de repos. Et le lendemain, on fera l'inverse.

Le jeudi, maman ferme les yeux. Elle ne les ouvrira plus. Nous l'enveloppons d'un manteau d'amour et de tendresse, nous relayant à son chevet. Je demande une Bible aux infirmières. Il n'y en a pas dans le service. Une aide-soignante se déplace jusqu'à chez elle, et m'en ramène une. Je demande à maman pardon pour les moments de ma vie où j'ai pu lui causer de l'inquiétude. Elle me répond d'un faible geignement, me montrant qu'elle a compris et que, si elle ne peut plus parler, elle comprend tout et est encore bien présente avec nous. Puis je lui lis le beau psaume :

« L'Éternel est mon berger. Je ne manquerai de rien... Quand je marche dans la vallée de l'ombre de la mort, je ne crains aucun mal, car tu es avec moi... Oui, le bonheur et la grâce m'accompagnent... Et j'habiterai dans la maison de l'Éternel. »

Maman meurt le vendredi.

Denise, Mourad et Bruno descendent de Paris pour assister à l'enterrement. L'église est pleine de tous nos amis.

Un grand portrait de maman nous sourit, placé à côté de l'autel, dans le chœur. Papa et Frédéric apportent chacun un message personnel. Maud, la fille de Frédéric, et Martine, son ex-femme, sont parmi nous, elles aussi. Je lis le texte de l'Apocalypse choisi par maman. Papa a choisi quelques morceaux de musique et Manu, une belle chanson de Céline Dion : *Vole.*

Vole, vole petite aile
Ma douce, mon hirondelle
Va-t-en loin, va-t-en sereine
Qu'ici rien ne te retienne
(...)
Vole, vole petite flamme
Vole mon ange, mon âme
Quitte ta peau de misère
Va retrouver la Lumière.

Au revoir maman. À Dieu.

26

Campagne d'hiver

20 novembre 1998. Première dépêche relatant la découverte d'un SDF mort de froid dans une rue de Paris, rue Méchain, XIVe arrondissement.

Le 22, la température est au plus bas niveau pour la saison depuis dix ans. De nouveau, la vague de froid s'étend à toute l'Europe.

D'autres morts suivent. Une femme de 40 ans à Toulouse décédée dans un cabanon de fortune par -7 °C. Un homme de 37 ans rend l'âme sur un trottoir parisien, près de l'hôpital Cochin. Une personne de 40 ans, dans un local à poubelles du XIVe arrondissement. Les autres pays de la Communauté ne sont pas épargnés : un sans-abri décédé également par hypothermie à Sarrebruck. En Italie du sud, un nonagénaire finit ses jours sur le sol de sa maison non chauffée. L'Est paie lui aussi un lourd tribu à la vague de froid qui sévit cette année-là : vingt-trois personnes mortes en Pologne.

Amis inconnus, que votre mémoire soit ici saluée.

Nous avons, dès le lancement de notre campagne d'hiver, traditionnellement fixée au 15 octobre, décidé de réagir immédiatement si un SDF mourait de froid et de misère. Nous ne pensions pas être obligés de lancer si vite un appel à l'opinion.

Le quotidien *Libération*, sous la plume de Tonino Serafini, s'est fait ces derniers jours l'écho des difficultés grandissantes pour les SDF à utiliser le 115.

Nous lançons un communiqué de presse :

« 22 novembre, 21 heures, -3 °C.

115 : 60 minutes d'attente... puis répondeur.

Le SAMU social est occupé ! (...) »

Les lignes du 115 sont en permanence saturées. Il faut insister, insister, et quand finalement on a la chance d'obtenir un correspondant, c'est alors toute une série de questions, débouchant sur un hébergement précaire, de l'ordre de un à trois jours. Puis l'obligation de recommencer ce circuit infernal pour une nouvelle recherche d'hébergement.

Le SAMU social est parti d'une idée généreuse. Xavier Emmanuelli et Jean-Pierre Roger voulaient d'abord un instrument capable de sillonner les rues de Paris à la recherche de ceux qui, trop découragés ou malades pour lancer un appel, n'ont même plus la force ou la volonté de crier au secours. Mais le numéro vert 115 a été imposé au SAMU social, sans lui donner les moyens de cette nouvelle ambition.

Nous posons comme revendications le traitement des appels au 115 dans les 30 secondes, la mise en place de véritables passerelles entre l'urgence sociale et le relogement, la conformité de la politique gouvernementale avec la Déclaration Universelle des droits de l'Homme. Nous donnons rendez-vous aux militants des associations, partis et syndicats pour le lendemain, 23 novembre.

Circuit habituel en métro, dans la non moins habituelle joyeuse pagaille. Le SAMU social occupe de très beaux bâtiments, avenue Courteline. Une cour, très grande et, à l'entrée, la maison du gardien transformée en accueil de jour. Un ancien hospice, construit en U, abrite les bureaux et le service des lits infirmiers, pour les personnes ayant besoin de repos.

Nous investissons la cour. Un beau panneau est fixé sur un mur : « *Morts de froid, plus jamais ça.* » Abondamment photographiée, notre plaque a droit à la place d'honneur dans les quotidiens du lendemain.

Au moment de prendre la parole, je ne suis pas très rassuré. Nous connaissons bien le personnel du 115, et sommes quotidiennement en contact avec eux pour rechercher des hébergements. Je ne considère pas que nous soyons en terrain ennemi. Il me faut quand même faire valoir notre position : il faut réagir vite, et prendre les moyens appropriés.

Les journalistes commencent à affluer. Le sujet est d'actualité. Comme d'habitude, il faut que les copains me poussent devant les caméras et les micros. J'ai toujours un peu de mal de ce côté-là. Mais une fois que j'y suis, je me lance et j'essaie d'être percutant. Vu l'urgence, par médias interposés, j'en appelle directement au maire de Paris.

L'arrivée de Jean Tibéri est annoncée. Je n'y crois guère : il se déplace si rarement. La dernière fois, ce devait être lors de la visite de l'abbé Pierre avenue René-Coty, il y a cinq ans déjà. De plus, c'est jour de réunion du Conseil de Paris.

Il viendra cependant. Dès son apparition, des militants le prennent à partie. Je suis un peu gêné. C'est quand même le maire de Paris. Il nous faut des réponses concrètes à des questions précises, et l'invective ne sert à rien. Et puis, il a tout de même eu le courage de venir. Il nous promet une amélioration du dispositif de prise en charge des appels du 115, dès le lendemain. Il fera appel à Europe-assistance pour renforcer les équipes.

Promesse tenue. Un progrès net se fait sentir dans les jours qui suivent. Mais tout retombe dès que les médias et l'opinion regardent ailleurs et, très vite, c'est de nouveau l'encombrement des lignes, l'attente insoutenable, et le circuit infernal de trois jours en trois jours d'hébergement.

Aujourd'hui ça va un peu mieux pour appeler le 115. Le problème, c'est que les hébergements ne suivent pas, et que dès la fin de la matinée, il n'y a plus de place. Je l'ai constaté moi-même puisque j'ai passé une journée avenue Courteline à la téléphonie sociale. Allez, mesdames, messieurs les élus de Paris. Allez mesdames, messieurs de la DASS. Encore un effort.

27

Au revoir, camarade

Bruno, qui est avec nous depuis la rue du Dragon, est hospitalisé. Il a pris beaucoup de place à l'association, et vit dans nos locaux, à la Maison des ensembles, où il s'est aménagé une chambre. Il a fallu le forcer à entrer à l'hôpital. Enfermé chez lui avec sa souffrance, qu'il ne veut pas montrer, il refusait depuis plusieurs jours de nous ouvrir sa porte. Philippe Bénichou, notre psychothérapeute, qui le voit régulièrement en entretiens, a dû insister pour qu'il accepte l'hospitalisation à Saint-Antoine.

Bruno est malade du Sida mais ne supporte pas la trithérapie. Il vomit à longueur de temps. Il a beaucoup maigri. J'ai le sentiment qu'il est en train de renoncer à lutter. Lui si courageux devant la maladie, d'une force de caractère à toute épreuve, s'est battu jusqu'au bout, et a épuisé ses dernières forces dans la lutte des sans-logis.

Nous allons le voir à tour de rôle. Si je n'y mettais pas un peu d'ordre, sa chambre serait toujours pleine. Mais il faut que Bruno se repose. J'organise un planning de visites.

Le soir où pour la dernière fois je me rends auprès de lui, Bruno a déjà perdu conscience. Sa respiration est difficile. Sa vie n'est plus que ce souffle. Insupportable. Je caresse son front couvert de sueur. Sent-il que je suis là ? Sa maman essaie d'y croire, encore un peu.

Bruno mourra dans la nuit, avec sa famille et ses meilleurs amis, Surcouf et Christian, à ses côtés. Je n'apprends son décès que le lendemain, un dimanche, et me rends aussitôt rue d'Aligre pour rédiger un communiqué. Les messages de sympathie arrivent vite : associations, syndicats et partis nous assurent de leur soutien en ces moments difficiles où disparaît un de nos meilleurs militants.

Louis Besson, secrétaire d'État au Logement, envoie une lettre de condoléances. Madjiguène Cissé faxe un beau message rappelant l'engagement de Bruno aux côtés des sans-papiers. Act Up téléphone et annonce son intention d'être représenté à l'enterrement.

Le film de Christophe Otzenberger, *Fragments sur la misère*, sort en avant-première la veille des funérailles. Applaudissements à l'apparition de Bruno à l'écran.

La cathédrale de Nanterre est pleine pour la cérémonie. Nous mesurons combien Bruno a laissé d'amis, et combien le CdSL compte de soutiens. À l'entrée du cercueil, j'improvise à l'orgue sur un thème de *La symphonie du Nouveau Monde* de Dvorák. Jacques Gaillot préside la cérémonie, simple et émouvante. J'espère qu'elle est un réconfort pour la famille de Bruno, et pour sa maman.

Jacques a eu l'idée de deux beaux moments : la cérémonie de la lumière, avec des petites bougies déposées par chacun, et celles des badges. Chaque militant présent épingle sur un coussin le badge de son organisation, en dernier cadeau à notre ami. Puis nous écoutons un chant sur Che Guevara, que Bruno aimait beaucoup.

Au cimetière, c'est une véritable manifestation qui l'accompagne à sa dernière demeure, ainsi qu'il l'aurait souhaité, lui qui aimait tant les manifs.

Bruno, tu as été pour moi un camarade et un ami. Nous n'étions pas toujours d'accord. Nous nous sommes même affrontés, toi et moi. Et puis tout ça s'est apaisé au fil du temps. Tu avais entrepris en psychothérapie avec Philippe, un travail sur toi-même qui avait porté ses fruits. Et tu as pu partir en paix. Chez toi, ce que j'aimais le plus ? Bruno, c'était ton attachement indéfectible au Comité des sans-logis, au parti communiste, dont tu étais membre, et à la classe ouvrière.

Au revoir, camarade, et à Dieu.

28

Le mouvement des chômeurs

J'aime par-dessus tout les grands mouvements sociaux, lorsqu'en liaison étroite avec les autres organisations, de plain-pied avec la classe, dans la rue avec les travailleurs, le CdSL prend la mesure de ce qu'il est vraiment : une association de chômeurs, privés d'emploi et de logement.

Je n'avais que 13 ans en 1968. J'ai suivi les événements, surtout parisiens, de loin. De tels moments sont rares dans la vie d'un militant. Il faut les vivre à fond.

Décembre 1995. La contestation est montée peu à peu, jusqu'aux grandes marées humaines, de République à Nation. Les cheminots, qui seront en fait les seuls à obtenir gain de cause, soutiennent par leur grève tenace, l'ensemble des manifestations. Les postiers débrayent et descendent dans la rue. SUD est partout, prend de l'importance. C'est un renouveau syndical et militant. Le slogan « Tous ensemble » est repris par des centaines de milliers de manifestants.

Chaque matin, les cheminots bloquent le départ de l'Eurostar, vitrine de la SNCF, à la gare du Nord. Et chaque matin, ils sont expulsés par un huissier et les CRS. Je propose aux copains de participer au blocage du train mais, pris par le temps, nous ne pourrons réaliser ce projet. Dommage : quelle belle occasion cela aurait été de montrer, nous sans-logis, une solidarité concrète avec les travailleurs en grève. Nous l'avons fait au temps des manifs contre le CIP, et le referons le plus souvent possible.

Les associations de lutte contre l'exclusion sont un peu déphasées, et ont du mal à trouver leur souffle dans un mouvement d'une telle ampleur. Les chômeurs, les exclus, les sans-logis, sont bien présents individuellement, mais disséminés dans les cortèges.

Il faut regrouper tout le monde, créer un vrai pôle, dynamique et remarqué dans les manifestations.

L'occupation d'un lieu public est décidée, avec lancement d'un appel. Ce sera Beaubourg, choisi un peu au hasard, parce que central (le métro étant en grève) au cours d'un dîner entre responsables associatifs dans un bistrot du XXe arrondissement.

Quelques associations d'immigrés se sont jointes à notre mouvance habituelle : AC !, APEIS, MNCP, DAL, Droits devant, CdSL. « L'appel des "sans" », est lancé. Les syndicats, CGT, SUD, FSU, répondent présents et nous font une place dans les manifestations :

« Sans-emploi, sans-logis, sans-papiers, tous ensemble pour nos droits ! »

Nous faisons partie d'AC ! depuis sa fondation, tout en entretenant d'étroites relations, et d'abord sur le terrain, avec les autres associations de chômeurs.

Dès les marches de 1994, le CdSL s'est fortement impliqué. Les Marches européennes, avec un groupe de chômeurs et de sans-logis cheminant de ville en ville, à la rencontre des populations, des travailleurs et des élus, alimentant la réflexion, invitant à l'action, sont le type même d'action militante idéale pour les gens de la rue. Et en plus, la vie au grand air, un peu d'aventure, le gîte et le couvert assuré à l'étape malgré tout, de quoi faire le bonheur de plus d'un, moi le premier.

En 1997, les marches convergent vers Amsterdam. Les militants du CdSL partent de loin. Le sud de l'Espagne pour Mourad et

Bruno, Tanger pour Abdelmalek, Grenoble pour Khamis, Surcouf, Christian, André, Marie-Christine et quelques autres. Pour ma part, je démarre de Genève. L'arrivée à Lausanne est triomphale : trois mille étudiants en grève viennent nous chercher à dix kilomètres de la ville, et c'est une impressionnante manifestation qui entre dans la très chic cité helvétique, en braillant des slogans contre la misère et l'exclusion, jusque sous les fenêtres des banques suisses, aux coffres-forts bien remplis. Je prends la parole sur la grande place, noire de monde, en remerciant chaleureusement les étudiants et l'ADC, l'association des chômeurs suisse, pour leur accueil. Une super fête réunit tout le monde le soir, autour d'une paella.

Petit pays jusqu'à une période récente totalement à l'abri du chômage, la Confédération helvétique commence à ressentir sérieusement le problème. Pour un citoyen suisse, le chômage est le mal absolu. Société fortement basée sur la notion d'argent et le gain, l'idée même lui est insupportable. Les gens qui nous voient passer nous plaignent sincèrement et nous donnent beaucoup d'argent. Subvenant plus que largement à ses besoins, la marche suisse aide à l'entretien d'autres marches traversant des pays moins fortunés. Les chômeurs se sont mis en route de partout : France, Espagne, bien sûr, mais aussi Irlande, Grèce, Finlande, ex-Yougoslavie, Allemagne, Maroc…

La marche partie de Grenoble oscille tranquillement entre les trois pays : Suisse, Allemagne et France. Les élus se déplacent. Pierre Moscovici, Daniel Cohn-Bendit viennent nous rencontrer. À Strasbourg, Catherine Trautman se fait un peu prier. À Besançon, Dominique Voynet me saute au cou. Je suis scié. Elle est visiblement ravie de nous recevoir. La Confédération paysanne a préparé une énorme fondue. Nos rapports avec la Confédération ont toujours été bons. Ils deviennent excellents, dans tous les sens du terme.

À Nancy, impressionnant cortège de protestation contre le Front national. Nous nous joignons à la manifestation.

À Strasbourg, Robert Crémieux et moi-même prenons la parole devant le groupe socialiste au Parlement européen.

Et à Amsterdam, le 14 juin, les militants du CdSL sont dans le groupe de tête de la manifestation européenne des chômeurs, sous les fenêtres du Sommet des chefs d'État de l'Union. Les organisateurs annoncent trente-cinq mille manifestants, la police, cinquante mille. Je suis surpris : en France, c'est le contraire.

Le mouvement s'est étendu sans crier gare : occupations de mairies et d'ASSEDIC, en passant par les ANPE et centres communaux d'action sociale. Charles Hoareau à Marseille, Honoret dans le Nord, Claire Villiers, Christophe Aguiton, Hubert Constancias, Richard Dethyre, François Desanti, Robert Crémieux, Jean Desessard, animent le mouvement.

Un accord est passé entre AC !, APEIS, MNCP, CGT-chômeurs, qui prennent l'initiative. Le mouvement restera dans les annales sous le nom de « Mouvement des chômeurs ». Les militants du CdSL se lancent à corps perdu dans l'action. Nous sommes de toutes les occupations. J'ai plus de plaisir à être de tous les coups, à occuper les ASSEDIC, que de participer aux réunions où les choses se préparent. Le reproche m'en sera fait, à juste titre, mais c'est comme ça : je préfère être sur le terrain. Act Up entre aussi dans la danse, et appelle à une *« Précaire Pride »*.

L'occupation du Bureau d'aide sociale du Boulevard Diderot est un modèle du genre. La police intervient, pas trop vite quand même, mais une bonne poignée de chômeurs et SDF réussissent à rester à l'intérieur, et commencent une occupation qui va durer une bonne dizaine de jours.

Un militant en vacances en Chine a la surprise de voir ma photo à la Une d'un grand quotidien. Et un grand quotidien chinois, c'est un tirage à trois millions d'exemplaires. La photo est réussie : je suis en train de me faire virer du Centre d'action sociale, par deux solides CRS. Le copain, pas du tout au courant du démarrage du mouvement, est si éberlué qu'il téléphone illico à Paris pour demander ce qui se passe. On le met au parfum.

J'annonce la traditionnelle action du 31 décembre du Comité des sans-logis : nous sommes en 1997. Nous avons choisi d'occuper le Royal Monceau, un palace de l'avenue Kléber. À peine sortis du métro, nous entendons les sirènes des cars de flics qui nous ont suivis de station en station. Classique. Nous avons l'habitude. Le problème, c'est que l'hôtel est un peu loin du métro, et seuls les jeunes militants ont leur chance d'arriver à temps. Inutile de dire que je suis parmi les derniers. Mon poids m'interdit les exploits sportifs.

Les forces de police se sont déployées devant l'entrée principale de l'hôtel, richement décorée de drapeaux et d'immenses sapins : un luxe inouï et provocateur pour la bande de traîne-savates que nous sommes. Comme au Grand Hôtel, nous sommes bien décidés à pointer du doigt l'énorme écart entre les plus riches et les plus pauvres. Et à dénoncer le fond du problème : l'injuste répartition des richesses.

Jacques, toujours à l'affût, me fait signe qu'il a repéré une petite porte latérale, et une vingtaine de militants réussissent à s'y engouffrer. Je fais partie du lot. Nous traversons un sauna, et nous enfermons dans un salon inoccupé. Les flics sont intervenus brutalement, et il y a déjà pas mal de grabuge. Les clients sont complètement ahuris. Tout occupés à leurs réveillons égoïstes, ils s'attendaient à tout sauf à voir débarquer une bande de SDF et de chômeurs exaltés et revendicatifs. Je ne les plains pas.

Le directeur arrive, dubitatif, et dit vouloir recevoir une délégation. J'entre avec Catherine Gégout [21] et Mourad. Il demande ce que nous voulons.

L'expérience m'a appris que dans ce genre d'occupation d'endroits de luxe, toujours bien relayées par les médias, élaborer une plate-forme revendicative très *politique* et compliquée ne sert pas

21. Catherine Gégout est militante et élue du parti communiste. Elle est plus spécialement en charge des problèmes de précarité pauvreté. Elle suit régulièrement, et depuis des années, les actions du Comité des sans-logis. Elle est devenue une amie.

à grand-chose. De toute façon, elle ne sera reprise par personne. Ce qui intéresse l'opinion, c'est de voir les pauvres s'en prendre aux riches. Point. Et ça, c'est très politique.

Les militants un peu intellos veulent toujours préparer une plate-forme. Je le fais pour leur faire plaisir. Mais pour moi, c'est inutile. Ça enlève même de la force à ce type d'actions, très parlantes en elles-mêmes, en diluant trop les choses. Rien de tel qu'une bonne occupation chez les bourgeois, simple, osée et irrévérencieuse, pour mettre l'opinion publique de son côté, et faire passer un message percutant, sans s'embarrasser de fioritures.

« Nous voulons que vous livriez le réveillon aux chômeurs qui occupent le Centre d'action sociale du boulevard Diderot.

– Impossible, je n'ai pas de véhicule. Mais si vous voulez, je peux le payer. Combien cela coûterait-il ? »

– Dix mille francs. (J'ai sorti le premier chiffre qui m'est venu à l'esprit.)

– Pas de problème. Passez à la caisse. Mais, s'il vous plaît, après, sortez ! »

J'imagine le beau réveillon que nous allons organiser, car j'ai bien l'intention de faire une grosse fête pour les mal-lotis et de dépenser pour eux tout cet argent en une seule soirée. Pour une fois qu'ils auront un peu de luxe, il ne faut pas mégoter.

Mais, à la sortie, quelques militants politiques, minoritaires, mais grandes gueules, se mettent à brailler : « Vendus ! Pas question d'accepter cet argent ! »

J'ai le tort de me laisser culpabiliser, et en un geste très théâtral, je balance l'enveloppe contenant les dix mille francs au directeur de l'hôtel, posté derrière la rangée de CRS. Les billets volètent au-dessus de la tête des flics, et le malheureux directeur n'a plus qu'à courir derrière.

Je regrette encore ces dix mille balles et le magnifique réveillon que nous aurions pu offrir avec. J'en ai toujours voulu à ceux qui m'ont forcé à rendre cet argent. Si ceux qui n'étaient pas d'accord s'étaient manifestés un peu plus fort, aussi ! Pour moi, il faut culpabiliser les riches jusqu'à ce qu'ils lâchent leur pognon, et ensuite le donner aux pauvres. C'est la seule attitude politiquement correcte. Et une prise de guerre est une prise de guerre.

Le pire, c'est qu'on m'a refait le coup lors de l'occupation des locaux de Christian Dior, deux ans après. Et je n'ai pas pu faire valoir mon point de vue là non plus : m'étant fait une méchante entorse dans la bousculade de l'entrée, j'étais aux urgences au moment des négociations. J'avais prévu de demander deux cent mille francs pour le SAMU social (le prix d'une robe de haute couture).

Après un moment d'incertitude, le cortège se reforme pour descendre les Champs Élysées, banderole en tête, contre le vent et par un froid de canard. C'est un exploit : les manifs sur les Champs-Élysées sont strictement interdites. L'autorisation n'est jamais donnée. Et en cas de manif spontanée, il y a systématiquement intervention des forces de police. Et là, miracle, les policiers nous escortent sans faire le moindre mouvement pour nous barrer la route. Depuis la manifestation des gaullistes en 1968, il n'y a pas dû en avoir beaucoup sur les Champs-Élysées.

Nous nous engouffrons dans le *Fouquet's*. Panique à bord. Même discours. Là, la direction accepte de livrer le réveillon boulevard Diderot. Le commissaire, un peu inquiet, me demande :

« Et vous comptez faire la manche dans tous les restaurants des Champs-Élysées ? »

La journée finit devant l'ambassade du Canada. Nos amis du Comité de chômeurs de Montréal nous ont fait part de la répression brutale qu'ils ont subie lors de leur dernière action, avec des emprisonnements. Un rassemblement de protestation devant la représentation diplomatique nous semble tout indiqué pour clôturer par un geste de solidarité concrète entre militants anti-misère des deux rives de l'Atlantique.

Et les occupations se succèdent, à un rythme soutenu. Pas un jour sans qu'un rendez-vous ne soit donné place de la Bastille. La Maison des ensembles sert de base arrière au mouvement et une voiture banalisée de la préfecture de police campe en permanence devant la porte. Tous les copains de la MDE sont sur le terrain : Jean-Pierre Anselme, Pierre Guedj, Tony. Alain Véronèse et Khalil d'AC ! sont de toutes les occupations.

La Maison des ensembles, immeuble désaffecté appartenant à la ville de Paris, ouverte en décembre 1996 par l'ensemble des associations, trouve sa vraie place sur le terrain social : lieu de convergences, d'assemblées générales, de débats, de relations entre militants contre les exclusions, pôle culturel, et associations de quartier comme la Commune Libre d'Aligre. Il est dommage que la MDE ait été plus ou moins désaffectée au fil du temps. Un peu plus de volontarisme lui aurait certainement redonné un coup de jeune. J'en veux un peu à ceux qui sont partis, mais, bon, c'est leur choix. Le CdSL y est toujours, et y restera, même si nous développons d'autres activités ailleurs. Nous continuons et continuerons à y tenir nos AG du samedi. Nous n'avons pas pour habitude de quitter un lieu de lutte avant que la bataille ne soit gagnée, si ce n'est par la force.

À l'issue de chaque action, tout le monde se retrouve devant le Centre d'action sociale de Diderot, toujours occupé. Les chômeurs en lutte balancent des flopées de tracts depuis les fenêtres, à l'américaine, et ça fait de très belles images pour les journaux télévisés.

Un soir, devant Diderot, je fais le tour des organisations pour proposer le blocage des trains à la gare de Lyon. Proposition adoptée. Ça tombe bien : un train d'hommes d'affaires s'apprête à démarrer. Il n'y a pas de raison qu'ils continuent à faire de l'argent pendant que des millions de chômeurs et de Rmistes ne savent pas comment faire le moindre cadeau de fin d'année à leurs gosses.

Les revendications du mouvement des chômeurs tiennent en quelques phrases :

– 1 500 F d'augmentation sur les minima sociaux.

– Prime de Noël pour les chômeurs.

– Droit au RMI pour les jeunes chômeurs non indemnisés à partir de 18 ans.

Martine Aubry le prend de haut et tente de minimiser l'ampleur du mouvement. Piqués au vif, les militants donnent un coup de collier. Les occupations sont renforcées. Merci Madame Aubry.

Des voix discordantes se font entendre au sein même du gouvernement. Jean-Claude Gayssot, Marie-George Buffet, Dominique Voynet, Claude Allègre, pensent qu'un effort devrait être fait, et le font savoir. Jean-Pierre Chevènement fera, lui, connaître son souhait de voir augmenter les minima sociaux plus tard, lors de la polémique sur la cagnotte fiscale. Le Premier ministre, ne tenant plus ses troupes, annonce une journée de consultation. Et c'est le ballet des syndicats dans la cour de Matignon. Nicole Notat, mine renfrognée, déclare aux journalistes : « J'ai été convoquée ! » La CGT-chômeurs fait le choix d'être reçue avec les syndicats. Mais la délégation que tout le monde attend, celle qui doit créer l'événement, c'est celle des associations des chômeurs.

Christophe Aguiton me demande de faire partie de la délégation. Christophe est un de mes (rares) modèles en politique. Brasseur d'idées, fonceur, bête de travail, dynamique, totalement désintéressé, il a assuré l'animation du mouvement souvent en butte aux critiques, mais de main de maître. Claire Villiers, porte-parole d'AC ! est très exposée puisque très sollicitée par les médias. Elle s'en sort bien, fait des interventions percutantes.

Je me pointe à Matignon en survêtement (je n'ai que des survêtements dans ma garde-robe). L'arrivée est épique, dans une vieille bagnole conduite par Christophe. La délégation comprend AC !, l'APEIS, le MNCP, l'association Partage de Maurice Pagat, un pionnier, et le CdSL, rattaché à AC !

Un garde républicain m'aide cérémonieusement à retirer mon manteau. Je suis scié. Il a dû plus souvent ranger de précieuses pelisses que nos cache-misère fatigués. Nous voilà accompagnés dans un luxueux salon d'attente, traversé au pas de charge par Martine Aubry, l'air affairé, pendant que les gardes républicains, décidément aux petits soins, nous tendent des verres.

Je sais que les copains sont à deux pas, à l'angle de la rue du Bac et de la rue de Varennes, attendant le retour de la délégation. Dans ces cas-là, c'est toujours à eux que je pense, à eux restés dans la rue. Et c'est pour eux que je me bats. Leur présence m'est indispensable. Je sais qu'ils comptent sur moi : ça m'aide à trouver les mots.

Éric, Claire, Malika, Hubert, Richard prennent la parole. Les revendications reviennent sans cesse, martelées comme un leitmotiv : 1 500 F sur les minima sociaux, déblocage d'un fonds d'aide d'urgence, extension du RMI aux 18/25 ans. Je me lance aussi dans la bataille et fait remarquer à Lionel Jospin qu'à ne pas prendre des mesures concrètes en faveur des chômeurs, il risque de les jeter dans les bras du Front national.

Le Premier ministre nous demande d'arrêter les occupations de lieux publics, et surtout des ASSEDIC. Il dit qu'en cas de récidive, il prendra ses responsabilités. Message reçu. En revanche, il reste plus évasif sur les mesures que compte prendre le gouvernement, annonçant simplement qu'il fera, dès le lendemain, des propositions « significatives ». Il ne nous reste plus qu'à demander aux journalistes et aux copains qui attendent dehors, et bien, d'attendre encore un peu. Apparemment, nous n'en saurons pas plus ce soir.

Le déblocage d'un milliard est annoncé le lendemain, au titre de l'aide d'urgence. Pas d'augmentation des minima sociaux. Pas de droit au RMI pour les jeunes. Dans toute la France, c'est la déception. À la Maison des ensembles, où plusieurs centaines de personnes se sont rassemblées autour du poste de télévision, la consternation est tangible.

« C'est tout ! ?

– Ah, les salauds !

– Il faut continuer les occupations. »

29

Les risques de l'occupation

Continuer les occupations, oui, mais avec le risque de l'expulsion policière. L'avertissement du Premier ministre était à peine voilé.

Et effectivement, les évacuations d'ASSEDIC occupés commencent. Le mouvement toutefois ne faiblit pas immédiatement. Le Centre d'action sociale Diderot ne sera libéré que contre la promesse d'une aide de la ville de Paris pour compléter celle du gouvernement. Mais aide limitée à une liste de personnes préétablies. Pingre, la Ville de Paris. Nous réussirons quand même à mener d'autres actions : occupation du Conseil économique et social, de la DASS, du Conseil constitutionnel, d'antennes du ministère de l'Emploi, du ministère lui-même, de la DDTE. Au cours d'une action, quelques manifestants s'en prennent au drapeau tricolore. C'est le genre de comportement que je ne supporte pas : ces camarades font ce qu'ils ont envie de faire, sans aucun respect pour l'opinion publique, ou celle de ceux qui manifestent à leurs côtés. J'aime la France, et j'ai du respect pour son drapeau.

L'occupation d'un magasin Cash Converter tourne mal : plusieurs militants sont emprisonnés. Il faudra organiser le soutien des copains victimes de la répression.

Principe de Cash Converter : acheter à bas prix les objets et les revendre à prix fort. Et acheter à bas prix, ça veut dire acheter aux chômeurs, aux plus démunis, à ceux qui sont pris à la gorge.

Le mouvement des chômeurs a passionné les Français pendant deux mois. Même les exclus de l'emploi restés chez eux l'ont vécu par procuration. Nous les représentions, nous étions sur le terrain à leur place. Du moins est-ce de cette façon que les médias ont présenté les choses. Oui, eh bien, moi, je dis quand même que ça aurait été mieux si ceux qui sont restés chez eux étaient descendus dans la rue avec nous.

L'École normale supérieure de la rue d'Ulm est occupée en fin de mouvement, pendant une semaine, et dans une ambiance de siège. L'évacuation, longtemps différée, sera brutale. Nous n'obtenons pas le soutien d'Alain Geismar, ancien de 68, et conseiller de Claude Allègre. Ce serait plutôt le contraire : il cherche à nous enfoncer. Bourdieu vient faire un discours devant la grande École occupée. Au lieu d'être *devant* Normale Sup, il aurait mieux fait d'être *dedans*. En tout cas, en décembre 1997, l'État s'est retrouvé en face de chômeurs intellos, pas à court d'arguments, et parfaitement à même de théoriser. Les chômeurs ne veulent plus que l'on parle d'eux. Ils veulent parler, eux. Pavé dans la mare.

Il a été beaucoup dit que le principal acquis du mouvement des chômeurs, c'est le mouvement des chômeurs. Qui dit chômage, dit honte et isolement. Qui dit organisation, dit fierté et force collective.

Durant l'hiver 1997/1998, la culpabilité a commencé à changer de camp. Les sans-abri ont largement participé, regroupés autour du Comité des sans-logis. Habitués à quémander,lors d'entretiens sociaux infantilisants, ils ont appris à relever la tête. À ne pas tendre la main, mais à exiger leur dû. Et les gars du CdSL n'étaient pas les derniers à prendre la parole lors des réunions et AG.

Les exclus se sont battus pour eux-mêmes mais aussi pour faire avancer l'ensemble de la société française. Non seulement pour leur droit à l'emploi et au revenu à eux, mais pour le droit à l'emploi et au revenu à tous. Comme au cours de l'hiver 1995, où les « *Sans* » étaient devenus des « *Avec* » : avec les autres, avec ceux qui ont un emploi, avec ceux qui s'en sortent mieux, mais tout juste, avec les travailleurs et la classe ouvrière.

30

Nourritures spirituelles

La lecture des Psaumes m'accompagne depuis des années. Les Psaumes, se sont les états d'âme. Les sentiments que David éprouvaient il y a des milliers d'années, et qui sont livrés là, sont les mêmes que les miens aujourd'hui. Le monde et les techniques ont évolué. Le cœur de l'homme n'a pas changé. Son seul et vrai besoin, même s'il ne le sait pas, c'est Dieu.

Je n'échappe pas à la règle. Il y a en moi un être intérieur qui grandit au fil du temps. Petite source encore, il est appelé à jaillir jusque dans la vie éternelle. Caché comme une petite graine au fond de moi, sous terre, invisible, il est appelé à germer et à donner du fruit, malgré les vents de l'âme et ses pluies, les tempêtes de la vie et des passions. Cette petite source, cette petite graine, s'appellent le Royaume de Dieu.

Il ne peut que grandir. Il est le plus fort. Je suis assez simple dans ma foi. Je crois, sans complications, que le Pardon et l'Amour de Dieu sont au-dessus de ma vie, de toute ma vie. Comme dans la vie de tous ceux qui l'acceptent. Et de l'Humanité tout entière.

Cela ne veut pas dire que je peux faire n'importe quoi. Mais cela signifie que Dieu comprend mes combats, mes faiblesses, et qu'il aura le dernier mot.

« L'Éternel est mon berger : je ne manquerai de rien.

(...) Il restaure mon âme, il me conduit dans les sentiers de la justice, à cause de son nom.

(...) Tu oins d'huile ma tête, et ma coupe déborde.

Oui, le bonheur et la grâce m'accompagnent tous les jours de ma vie. J'habiterai dans la maison de l'Éternel jusqu'à la fin de mes jours. »

(Psaume 23, 2-3 ; 5-6)

« Comme une biche soupire après des courants d'eau, ainsi mon âme soupire après toi, ô Dieu !

Mon âme a soif de Dieu, du Dieu vivant : quand irai-je et paraîtrai-je devant la face de Dieu ?

Mes larmes sont ma nourriture jour et nuit, pendant qu'on me dit sans cesse : où est ton Dieu ?

(...)

Pourquoi t'abats-tu mon âme, et gémis-tu au-dedans de moi ? Espère en Dieu, car je le louerai encore ; il est mon salut et mon Dieu.

(...)

Un flot appelle un autre flot au bruit de tes ondées ; toutes tes vagues et tous tes flots passent sur moi... »

(Psaume 42, 2-4 ; 6 ; 8) [22]

22. La traduction des deux extraits de psaumes présentés ici est issue de la Bible protestante version Louis Segond de 1910.

31

La Bourse solidarité vacances

Rue du dragon, Mourad et Mehdi Amara avaient fait part de leur intention de militer pour le droit aux vacances des jeunes de la rue, chômeurs, bas revenus. Pas facile en effet de partir avec le RMI, l'allocation parent isolé ou l'AH (allocation adulte handicapé).

L'idée n'est pas nouvelle : acquis des congés payés pendant le Front populaire, lancement des villages de vacances par André Guignand en 1956, puis première réalisation en 1959 au Mont-Saint-Odile, allongement progressif du temps des congés payés, d'abord laborieusement, convention collective par convention collective, puis Loi du 16 mai 1969 accordant quatre semaines de congés payés à tous les travailleurs.

L'idée des vacances, un droit pour tous, fait lentement son chemin.

Mais force est de constater qu'à l'aube de l'an 2000, de nombreux travailleurs sont condamnés à passer juillet et août dans leurs HLM, lorsqu'ils en ont un. Le bel élan du tourisme social s'est arrêté en chemin. Tournez le problème dans tous les sens : c'est trop cher. Pour beaucoup d'ouvriers et de petits employés, sans parler des précaires, jeunes sans ressources, chômeurs et gens de la rue.

Et pourtant, les chômeurs ont un besoin impérieux de s'aérer la tête et le corps. Question de survie.

Pris par l'urgence, nous avions un temps laissé l'idée de côté. Mais Mourad se chargeait de me rafraîchir régulièrement la mémoire.

« Alors, les vacances, on s'en occupe quand ? (Mourad est un fan des vacances.)

– Prends rendez-vous au ministère. On va voir. »

Nous arrivons au secrétariat d'État, tenu par Michèle Demessine, dans un état d'esprit plutôt revendicatif, style « on va leur montrer de quel bois on se chauffe, et leur rappeler que le droit aux vacances, c'est pour tous, et par conséquent aussi pour les gens de la rue ».

Nous étions mal renseignés. Non seulement le ministère avait réfléchi à la question, mais tout était déjà en place, par la Bourse solidarité vacances. La BSV regroupe l'État, les offreurs, c'est-à-dire les villages de vacances, agences de tourisme, parcs d'attraction et les associations de chômeurs et de solidarité. En fait, nous étions déjà prévus dans le dispositif. Nous n'avons eu qu'à adhérer. La Bourse nous permet de faire partir pour de vrais séjours à la mer, à la montagne, à la campagne, des personnes en situation de précarité, à des prix symboliques. Pour l'instant, l'offre est supérieure à la demande : les chômeurs en sont rarement informés. Si la tendance s'inverse, il faudra une action volontariste du gouvernement pour que tous ceux qui désirent partir puissent le faire. Nous faisons partie de ceux qui y veilleront. Mais aujourd'hui, il convient de saluer l'action de Michèle Demessine et de la BSV.

Me voici à Bormes-les-Mimosas dans un village de vacances de Touristra. Gestionnaire de villages de vacances, Touristra a fait, comme d'autres, œuvre de solidarité. Le village de Bormes a été réalisé par une association d'une cinquantaine de CE.

Salarié en emploi précaire, contrat consolidé, je peux bénéficier d'un séjour… D'autres peut-être.

Face à la mer, au pied du fort de Brégançon, parmi les pins, les oliviers, les figuiers, les palmiers, les cyprès, « beau(x) comme lignes et comme proportions, comme un obélisque égyptien », ainsi que l'écrivait Vincent Van Gogh à son frère Théo, les narines emplies des senteurs du thym, du romarin, de la lavande et de toutes les essences de la Méditerranée, je marque la halte. Le figuier de Barbarie et l'agave me parlent du Maroc et de l'Algérie, sur l'autre rive. Il faut prendre des forces. D'autres combats m'attendent.

32

Vers la construction d'une force politique des sans-logis

Printemps 2002 : une campagne électorale au résultat donné d'avance s'éternise mollement sous les yeux des Français. La France d'en bas s'est sentie sinon flouée, du moins abandonnée par la gauche. Pas une fois Jospin n'a employé le mot « ouvrier » dans ses discours de campagne, à tel point qu'il s'est fait reprendre par le vieux tenor du PS, Pierre Mauroy. Mieux, Jospin démarre sa campagne en annonçant que son programme « n'est pas socialiste ». Obsédé par les voix à gagner au centre, il ne se rend pas compte qu'à gauche des pans entiers de l'électorat ne suivent plus.

Au soir du premier tour, l'extrême gauche fait un tabac, tandis que tous les partis de gouvernement reculent. Jospin est éliminé et le Pen présent au deuxième tour.

Au Comité des sans-logis, les demandeurs d'asile, en particulier algériens, sont de plus en plus nombreux. Les problèmes d'hébergement sont énormes. Nous menons la battaille pour l'ouverture de foyers d'accueil à Paris. Le gouvernement résiste. Il trouve qu'il y a trop de réfugiés dans la capitale et veut les envoyer en banlieue ou en province, où les communes ne sont ni prêtes ni décidées à les accueillir.

Un foyer a déjà été occupé. Il s'agit du foyer La Mie de pain, qu'une centaine de demandeurs d'asile a refusé de quitter à sa fermeture au printemps 2001. La lutte a été rude, avec un comité de soutien politique, syndical et associatif important. Les Verts, la LCR, le PCF sont présents sur le terrain. Le Conseil de Paris saisi par des élus a voté un vœu de soutien. Les revendications sont l'hébergement durable et l'ouverture des dossiers de régularisation. Nous obtenons partiellement satisfaction au bout de sept semaines de lutte. Les gars sont hébergés de façon durable. Des titres de transport sont débloqués. Sur présentation d'une promesse d'embauche, ils peuvent obtenir un premier titre de séjour avec l'autorisation de travailler. C'est une première. Les associations de soutien aux immigrés, surprises, apprécient cette importante avancée.

Le Comité des sans-logis n'a plus de locaux. Nous avons dû quitter la Maison des ensembles où des trafics illicites s'étaient développés. Depuis plusieurs mois nous campons devant la mairie du XIIe arrondissement, histoire de faire pression sur la ville de Paris pour obtenir des locaux. Nous nous réunissons dans un petit square, juste sous les fenêtre de Madame le maire. Carl, le militant chargé des hébergements, appelle le 115 d'une cabine téléphonique. Patrick, venu renforcer l'équipe pendant le mouvement de La Mie de pain est à nos côtés. La gardienne du square vient régulièrement essayer de nous déloger. C'est devenu un petit jeu entre elle et nous.

Les discussions vont bon train sur les résultats du premier tour de l'élection présidentielle.

Nos amis sans-abri et demandeurs d'asile sont inquiets. Certains parlent de quitter le pays pour tenter leur chance ailleurs. Le Canada, les Pays-Bas, l'Espagne, la Grande-Bretagne font rêver. Ils ne savent pas que José Aznar prépare une véritable guerre contre les immigrés, de concert avec Tony Blair et Berlusconi. À tel point que ce sera Jacques Chirac qui devra calmer ce beau monde au sommet de Séville.

Dès l'annonce des résultats du premier tour, nous descendons dans la rue. Le quotidien *Libération* fait la Une avec un grand NON, repris par tous. Des banderolles NON fleurissent aux fenêtres. Le NON se porte en tee-shirt, en badge, de mille façons. Les lycéens donnent rendez-vous chaque soir place de la Bastille. Un mouvement, le « Mouvement spontanné », voit le jour.

Les jeunes du Comité des sans-logis sont de toutes les manifestations. Nous éditons un auto-collant en forme de triangle : ANTI-FACHO, qui fait fureur.

La manif du 1er mai est énorme. Nous ne pouvons pas défiler et restons bloqués sur la place de la République, noire de monde. La place se remplit encore et le cortège ne démarre pas. La police bloque les rues et la situation devient dangereuse. De nombreux manifestants, oppressés, ont des malaises. Nous craignons le pire. Jean-Baptiste Eyraud appelle la prefecture de police pour faire lever les barrages. La place peut enfin respirer. Des cortèges se dispersent en tous sens, tout Paris est dans la rue pour dire NON.

D'autres initiatives surgissent. Une *Marseillaise* est chantée au Trocadéro. Je suis heureux, dans la foule, de jeter ce beau chant (beau quant à la musique, les paroles seraient peut-être à revoir) à la tête de le Pen.

Reste le scrutin. Les lepénistes se terrent et attendent leur heure. Le Pen a lancé un appel aux ouvriers, aux métallos, aux petits, aux sans-grade. Je regarde ce gâchis et ne peux m'empêcher de penser que nous payons là l'échec de vingt ans de pouvoir d'une gauche qui n'a pas su répondre aux attentes de ses électeurs, dont certains, et beaucoup parmi les sans-logis, se sont jetés tout droit dans les bras de Le Pen.

Lionel, Lionel, que n'as-tu écouté ceux qui à gauche t'avertissaient fraternellement, dans ta propre majorité et au-delà : syndicalistes, militants politiques ou associatifs qui se rendaient bien compte que le chemin engagé menait droit dans le mur. Je te l'avais dit aussi à l'occasion de la délégation du mouvement des chômeurs.

Il va falloir reconstruire. Le Comité des sans-logis fait partie de ceux qui vont s'y employer.

Nous avons fini par obtenir des locaux, après huit mois de sitting devant la mairie du XIIe arrondissement. Avec les copains de la rue, les demandeurs d'asile algériens, nous résistons et participons aux mouvements renaissants, en lien avec d'autres actions, comme celle de l'université de Séville, occupée par les sans-papiers.

Je ne me tairai pas. Des jeunes, fuyant une situation insupportable, sont à la rue. Les expulsions locatives n'ont pas cessé. Des femmes dorment dehors. Des bandes de gamins des rues sont apparues dans Paris. Comment le supporter ? Chaque jour un peu plus, je me sens comme eux. Ils et elles veulent faire entendre leur voix. Le Comité des sans-logis va les aider à s'organiser pour d'autres luttes. Les méthodes d'action évolueront peu à peu. Mais le principe de l'action collective restera. Les sans-abri peuvent et doivent toujours mieux représenter une force politique.

Quant à moi, il n'y a rien à faire : je suis de leur côté.

Postface

Ensemble dans la maison des sans-logis

par Leyla Dakhli*

Le récit de Jean-Yves m'a atterri dans les mains dans cette cour familière de la Maison des ensembles, au bout du marché d'Aligre, dans ce lieu qui a été pour moi comme pour beaucoup d'autres un lieu d'attaches pendant de nombreux mois ; je m'y arrêtais quasiment tous les jours pendant cette année 1998. Je n'étais pas sans-logis, ni chômeuse, mais j'étais, comme les autres, militante d'une des associations de la maison. Je m'arrêtais au rez-de-chaussée, sur la cour, dans le local du Comité des sans-logis. Là, il y avait des allées et venues permanentes dans un espace bien petit, encombré de chaises et de fauteuils de récupération, de cartons d'habits, de revues anciennes et de tables en désordre. Chacun y trouvait son petit abri. Les jours d'assemblées, nous nous entassions encore plus que d'habitude dans la grande salle, qui débordait souvent sur la cour. Dans une atmosphère souvent électrique, toujours enfumée, nous évoquions les

* Leyla Dakhli est actuellement militante à AARRG (Apprentis agitateurs pour un réseau de résistance globale). Elle a animé SUD-Étudiant à l'École normale supérieure à Fontenay et a milité au Comité des sans-logis.

actions à venir, celles qui étaient en cours, les dossiers de relogement et les différents fronts sur lesquels nous voulions intervenir ; la bataille était permanente.

J'ai rencontré Jean-Yves et le Comité des sans-logis en pleine lutte de l'hiver des chômeurs. J'avais participé à quelques actions et je me trouvais ce jour-là devant la Bourse, à Paris. Jean-Yves devait prendre la parole, l'action avait été annulée... et il ne cessait de grommeler qu'il ne savait vraiment pas quoi dire, que de toute façon il n'y avait pas d'action et que ce n'était pas la peine de parler... et puis finalement, il a vaincu ses résistances, a commencé par un « Bon, ben... », et s'est laissé aller à parler, de plus en plus fort, jusqu'à trouver en lui de quoi vaincre sa timidité.

En lisant pour la première fois ce texte, écrit à la main en un jet, j'ai retrouvé ce Jean-Yves-là, je l'ai reconnu lorsqu'il décrit la manche et ses difficultés pour « se lancer », mais aussi dans le talent qu'il se découvre peu à peu. C'est dans la lutte, dans la rage même, qu'il se trouve, qu'il se réconcilie avec lui-même. Et c'est bien ce qu'il décrit dans ces pages, dans le mouvement qu'il effectue sans cesse, naturellement, entre les luttes, le collectif, et le plus intime, les amitiés, les amours...

Jean-Yves mélange tout, toujours. Il ne sait pas séparer les mondes parce qu'il a lui-même plongé, renoncé pour la rage et la lutte, et conquis d'autres choses, qui vont bien au-delà du « toit ».

Le jour où je suis arrivée au CdSL, après la rencontre de la Bourse, et le jour où j'ai décidé d'y rester, c'était bien de cela qu'il s'agissait. Une guerre faisait rage entre les « anciens » et les « nouveaux ». Les premiers voulaient poursuivre la revendication des chambres de bonnes, vides, et les seconds disaient : « Non, les chambres de bonnes, ce ne sont pas des lieux dans lesquels on peut vivre, ce sont seulement des toits, on ne peut pas y inviter des gens, y construire une vraie vie. » Ils voulaient de vrais appartements, pas forcément grands, mais ils préféraient un squatt à une chambre de bonne sans WC et sans équipement. Les jeunes ont eu raison des réticences de Jean-Yves. Il savait bien qu'il ne s'agissait pas simplement de se mettre à l'abri.

J'ai découvert au CdSL et ailleurs que la lutte des « sans » n'était pas une lutte « de la marge », que ceux que l'on appelait dans tous les journaux les « exclus » posaient à la société les questions du cœur. Non pas celles de la charité du cœur ou du nécessaire élan de solidarité des riches pour les pauvres, mais celles qui mettent à jour le fonctionnement même de la société dans son ensemble, celle des « inclus » également. Les « sans » disent l'absence, mais ils révèlent le vide, car ces absences sont des droits. Ils révèlent l'illusion d'une société qui voudrait œuvrer pour le bien commun et qui se borne à définir des marges, des frontières imperméables. D'un côté, ceux qui sont dedans, avec un travail, une maison, des papiers... et de l'autre, l'exclusion, ce monde étrange de clandestins et de SDF, de siglés entassés dans des foyers, de sans-papiers que l'on voudrait invisibles. Ce que les sans, dans leurs luttes, révèlent, c'est bien la perméabilité de ces frontières, leur artifice aussi. C'est aussi ce qu'écrit Jean-Yves, cette frontière ténue entre le monde « inclus » du travail, et le monde de l'exclusion, celui des foyers et de la manche. Car il fait la manche comme il va travailler, pour pouvoir vivre ses rêves et ses choix, pour ses luttes aussi. Il n'est pas une exception, il est simplement allé jusqu'au bout. Nombreux sont ceux qui vivent ce perpétuel franchissement des frontières, dans la précarité du travail, dans l'impossibilité de trouver un logement, parce que « passés de l'autre côté », sans papiers, sans identité, bien assez bons pour travailler, pas assez visibles pour avoir d'autres droits. C'est parce qu'ils étaient ces funambules que les « sans » ont pu émerger, que nous avons pu nous faire entendre toujours plus fort, en disant, comme le disait une affiche de la Maison des ensembles :

« Exclus !

Toi-même. »

Liste des sigles

Act Up : Association de lutte contre le sida.
ADC : Association des chômeurs.
AFP : Agence française de presse.
AG : Assemblée générale.
ANPE : Agence nationale pour l'emploi.
APEIS : Association pour l'emploi, l'information et la solidarité.
AREV : Alternative rouge et verte.
ASSEDIC : Association pour l'emploi dans l'industrie et le commerce.
ATD Quart Monde : Aide à toute détresse.
BAS : Bureau d'aide sociale.
CADAC : Coordination des associations pour le droit à l'avortement et à la contraception.
CARGO : Collectif d'agitation pour un revenu garanti optimum.
CAS : Centre d'action sociale.
CASVP : Centre d'action sociale de la ville de Paris.
CE : Comité d'entreprise.
CFDT : Confédération française démocratique du travail.
CFTC : Confédération française des travailleurs chrétiens.
CGT : Confédération générale du travail.
Chiche (Les jeunes de) : Groupe de jeunesse soutenu par les Verts et l'AREV.

CICA : Comité d'initiative et de consultation d'arrondissement.

CIP : Contrat d'insertion professionnelle.

CNT : Confédération nationale du travail.

COGEDIM et COPRA : sociétés spécialisées dans la promotion immobilière haut de gamme.

CRS : Compagnies républicaines de sécurité.

DASS : Direction des affaires sanitaires et sociales.

DDTE : Direction départementale du travail et de l'emploi.

DPS : Département Protection Sécurité.

FASTI : Fédération des associations de soutien aux travailleurs immigrés.

FSU : Fédération syndicale unitaire.

GIP : Groupement d'intérêt public.

GISTI : Groupe d'information et de soutien des travailleurs immigrés.

LCR : Ligue communiste révolutionnaire.

LO : Lutte ouvrière.

MNCP : Mouvement national des chômeurs et des précaires.

MRAP : Mouvement contre le racisme et pour l'amitié entre les peuples.

PCF : Parti communiste français.

PS : Parti socialiste.

PSU : Parti socialiste unifié.

RFO : Radio-télévision française et d'Outre-mer.

RG : Renseignements généraux.

RMI : Revenu minimum d'insertion.

SAMU : Services d'aide médicale urgente.

SUD : Solidaires, unitaires et démocratiques.

SUD Rail : Syndicat SUD des cheminots.

Table des matières

Préface de Christophe Aguiton 9

1. À la recherche d'un engagement 13

2. Errances parisiennes 17

3. Un déclic vers l'action des sans-abri 23

4. Saïd 27

5. Hiver 1993/1994 : la naissance d'un mouvement 31

6. Les sans-logis s'organisent 37

7. Quand l'art fait dans le social 45

8. Du travail et du pain ! 49

9. Le Moulin-de-la-Pointe et les premiers militants 53

10. Du courant et des lumières 57

11. 1994 : premières actions de réquisition 59

12. Petite histoire de grandes luttes 65

13. La rue du Dragon 69

14. Justice pour les jeunes 77

15. La haine du Front national 81

16. Les arrêtés anti-mendicité 83

17. Réapprendre la vie 87
18. George-Sand 91
19. Une campagne de lettres pour Mourad 95
20. La sclérose des vieilles institutions 97
21. Quand les jeunes refont parler d'eux 99
22. Le CdSL aux côtés des sans-papiers 109
23. Morts de froid 121
24. Logements vides : occupez-les ! 127
25. À Dieu, Maman 133
26. Campagne d'hiver 139
27. Au revoir, camarade 143
28. Le mouvement des chômeurs 145
29. Les risques de l'occupation 155
30. Nourritures spirituelles 159
31. La Bourse solidarité vacances 161
32. Vers la construction d'une force politique des sans-logis 165
Postface de Leyla Dakhli 169

Mise en page par Compo-Méca s.a.r.l.
64990 Mouguerre

Achevé d'imprimer par Normandie Roto Impression s.a.s.
62150 LONRAI
N° d'éditeur : 5535 - N° fab. : 5639 - N° d'imprimeur : 030220
Dépôt légal : février 2003
Imprimé en France